SHOCKING ELECTRICITY
BY NICK ARNOLD

Text Copyright © Nick Arnold, 2000
Illustrations Copyright © Tony De Saulles, 2000
Translation copyright © Gimm-Young Publishers, Inc., 2001
All rights reserved.

This Korean edition is published by arrangement with
Scholastic Ltd., London through Eric Yang Agency, Seoul.

전기가 찌릿찌릿

1판 1쇄 인쇄 | 2001. 7. 25.
개정 1판 1쇄 발행 | 2019. 12. 5.

닉 아놀드 글 | 토니 드 솔스 그림 | 이충호 옮김

발행처 김영사 | 발행인 고세규
등록번호 제 406-2003-036호 | 등록일자 1979. 5. 17.
주소 경기도 파주시 문발로 197(우10881)
전화 마케팅부 031-955-3100 | 편집부 031-955-3113~20 | 팩스 031-955-3111

값은 표지에 있습니다.
ISBN 978-89-349-9875-4 74080
ISBN 978-89-349-9797-9 (세트)

좋은 독자가 좋은 책을 만듭니다. 김영사는 독자 여러분의 의견에 항상 귀 기울이고 있습니다.
독자의견전화 031-955-3139 | 전자우편 book@gimmyoung.com
홈페이지 www.gimmyoungjr.com | 어린이들의 책놀이터 cafe.naver.com/gimmyoungjr

이 책의 한국어판 저작권은 EYA(Eric Yang Agency)를 통한 Scholastic Limited사와의 독점
계약으로 ㈜김영사에 있습니다.
저작권법에 의해 한국 내에서 보호를 받는 저작물이므로 무단전재와 무단복제를 금합니다.

이 도서의 국립중앙도서관 출판시도서목록(CIP)은 서지정보유통지원시스템
홈페이지(http://seoji.nl.go.kr)와 국가자료공동목록시스템(http://www.nl.go.kr/kolisnet)에서
이용하실 수 있습니다. (CIP제어번호 : CIP2019032140)

어린이제품 안전특별법에 의한 표시사항
제품명 도서 제조년월일 2019년 12월 5일 제조사명 김영사 주소 10881 경기도 파주시 문발로 197
전화번호 031-955-3100 제조국명 대한민국 ⚠주의 책 모서리에 찍히거나 책장에 베이지 않게 조심하세요.

차례

책머리에	7
놀라운 전기의 힘	10
전기에 관한 쇼킹한 비밀들	16
짜릿짜릿한 발견	31
찌릿찌릿 정전기	38
무시무시한 번개	61
전기 충격 치료법	84
강력한 전지	101
신비스러운 자기	115
모든 것을 움직이는 전동기	132
환상적인 전자 공학	151
끝맺는 말: 놀라운 미래?	161

닉 아놀드(Nick Arnold)

닉 아놀드는 어릴 때부터 이야기와 책을 써 왔지만, 『전기가 찌릿찌릿』을 써서 유명해지리라고는 생각도 못 했다. 그는 이 책을 쓰기 위해 전기뱀장어와 함께 헤엄을 치고, 자기 머리카락에 정전기를 모으기까지 했다. 그는 이 모든 일을 기쁜 마음으로 기꺼이 했다.

닉 아놀드는 ≪앗, 이렇게 재미있는 과학이!≫ 시리즈에 몰두하지 않을 때에는 취미 생활로 피자먹기, 자전거타기, 촌스러운 농담 지어 내기 등을 하면서 지낸다(이 모든 걸 한꺼번에 하는 건 아니지만).

토니 드 솔스(Tony De Saulles)

기저귀를 차고 다닐 때부터 크레용을 가지고 놀았던 토니 드 솔스는 그 후로 계속 그림을 끄적거리고 있다. 그는 ≪앗, 이렇게 재미있는 과학이!≫ 시리즈에 너무 진지하게 몰두한 나머지 번개 속에서 전류가 어떻게 흐르는지 실험해 보기까지 했다. 다행히 지금은 완전히 나았다.

토니 드 솔스는 스케치북을 들고 나갈 때가 아니면 시를 쓰거나 스쿼시를 즐긴다. 그러나 아직 스쿼시에 관한 시는 한 편도 쓰지 않았다.

책머리에

휴우! 또 무사히 하루가 지났다….

물론 과학은 지긋지긋하다고 생각하겠지? 특히, 전기에 관한 것이라면 더더욱! 그것은 정말로 전기 고문이나 다름없다! 그러니 두 개의 더듬이 속에 뇌가 들어 있는 외계인 괴물 역시 죽고 싶을 정도로 지긋지긋했을 것이다.

외계인 블러브의 비밀 보고서

▶ **우주 시간** : 현재

임무 : '지구'라는 행성에서 인간의 활동을 관찰하는 것.

은하 좌표 : 0001.1100.0011100.0

어린 인간

어른 인간

환경 : 어른들은 '어린이'라고 부르는 어린 인간들을 '과학 수업'이라는 교실에 몰아넣고, 주입식 정보를 마구마구 어린이들의 머리에 집어넣고 있음. 시험 결과에 따르면, 어린이들은 그렇게 받은 정보 중 99%를 잊어버리는 것으로 나타남. 그러면 어른 인간들은 길길이 뛰면서 분노의 반응을 나타냄.

현재 활동 : '학교'라고 부르는 원시적인 장소에서 벌어지는 '과학 수업'을 관찰하고 있음.

Play : 인간들의 과학 수업

참고 : 어린 인간들은 곧잘 '졸음'이라고 하는 반혼수 상태에 빠짐.

참고 : '와트'는 전기에서 만들어지는 에너지의 양을 나타내기 위해 인간들이 사용하는 단위이다.

결론 : 어른과 어린이들 간에 대화가 통하지 않는 것은 '과학 수업'에서 흔히 보는 광경이다.

여러분의 과학 수업 시간도 이와 비슷하다고? 전기에 관한 수업이 정말로 전기 고문 같았다고? 과학 때문에 고통을 받는 세상의 모든 어린이여, 이리로 오라! 이 책은 여러분의 인생을 180도 바꾸어 줄 것이다. 이 책에는 전기에 관한 쇼킹한 사실들과 놀라운 이야기들로 가득 차 있다. 그 중에는 벼락에 맞은 과학자, 피가 뚝뚝 떨어지는 사람의 심장에 전기 충격을 가한 의사, 논쟁에서 이기기 위해 사람을 죽인 과학자에 관한 이야기도 있다. 여러분에게 ≪앗, 이렇게 재미있는 과학이!≫ 시리즈가 있는 이상 이제 지긋지긋한 과학 수업은 끝!

심신이 허약한 사람은 이 책을 읽지 말 것!

뭘 망설여? 자신 있으면 어서 다음 페이지를 넘겨 보라구!

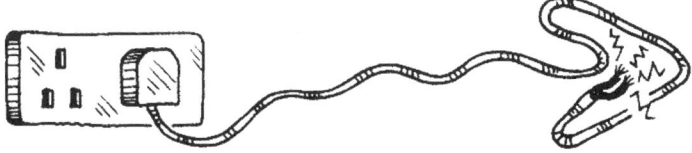

놀라운 전기의 힘

이 책은 정전이 일어나더라도 끄떡없다. 텔레비전이나 선풍기나 냉장고처럼 전기로 작동되는 것이 아니어서 그럴 것이다. 전기가 없다면 어떻게 될까? 그야말로 악몽의 휴일을 보내게 될 것이다! 다음과 같은 경우를 상상해 보라.

색다른 휴가를 즐겨 보세요!

망망대해에 홀로 떠 있는 해골섬에서

해골섬은 육지에서 너무 멀리 떨어져 있어 전기가 들어오지 않는답니다.

> 그러니까 젊은 것들이 듣는 CD인지 뭔지 그런 시끄러운 게 없으니까 조용해서 너무나도 좋더라구요.
> — 홀짝이 할머니(97세)

주의 사항: 해골섬은 약간 으슬으슬 춥기는 하지만, 그래도 하루에 비는 한 차례밖에 내리지 않음(다만, 한번 내리면 24시간 동안 계속됨).

전혀 가고 싶은 생각이 들지 않는다고? 그래도 할 수 없다. 이번 수학 여행은 그 곳으로 가기로 이미 결정이 났다니까.

해양 구조대 아저씨께

어서 와서 이 무시무시한 해골섬에서 우리를 구해 주세요! 이 섬에는 전기도 없고, 전기 난로도 없어요. 추워 죽겠어요. 우린 이 섬에 살고 있는 고양이를 번갈아 가며 만지면서 몸을 녹이고 있답니다. 그리고 식량도 바닥이 나 먹을 것이라곤 고양이 먹이밖에 없어요. 게다가, 전기 조리 기구도 없으니, 고양이 먹이마저 찬 것을 그냥 우적우적 씹어먹어야 해요.

전깃불도 들어오지 않으니 불빛이라곤 냄새 고약한 양초뿐이랍니다. 텔레비전도 비디오도 컴퓨터 게임도 CD 플레이어도 없으니, 지겨워 죽겠어요. 이것들은 모두 전기가 있어야 작동하잖아요? 그리고 별명이 족제비인 우리 선생님은 우리에게 많은 숙제를 내주어요. 그 대신에 그 소름끼치는 하모니카 연주를 들려 주겠대요. 우습다고요? 우리는 울음보가 터질 지경인데. 제발 우리가 모두 죽기 전에 달려와 주세요! 제발!!!

해골섬에서 떨고 있는
어린이들로부터

추신 : 고양이는 신선한 생선이 먹고 싶대요.

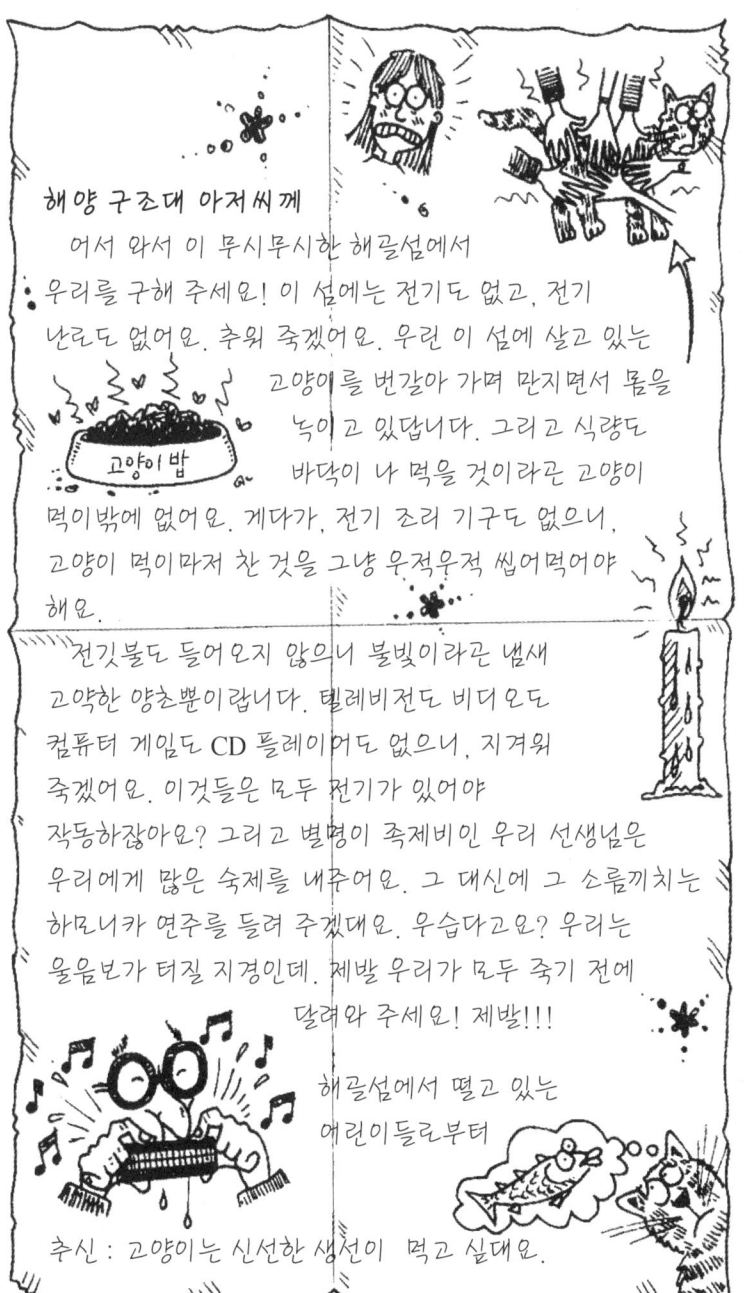

그렇다! 전기가 없는 삶은 마치 칫솔로 변기를 청소하는 것 만큼 황당하게 들릴 것이다. 그런데 여러분은 이렇게 소중한 에너지에 대해 얼마나 알고 있는지? 다음과 같은 이야기를 들어 본 적이나 있는지?

전기에 관한 쇼킹한 사실 네 가지

1. 방귀로 전기를 만들 수 있다. 정말이라니까! 메탄 가스(방귀의 성분)를 태워서 나오는 열로 발전기를 돌려 전기를 만들 수 있다. 메탄은 썩어 가는 쓰레기 물질에서도 발생한다. 미국에는 그러한 메탄 가스를 이용하기 위해 쓰레기 매립지 위에 세운 발전소가 100여 곳이나 있다.

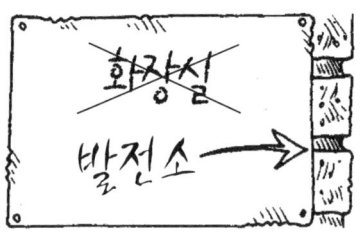

2. 번개는 엄청나게 규모가 큰 전기 섬광이다(더 놀라운 사실들을 알고 싶으면 61쪽을 참고하라). 자동차와 같은 금속 물체의 내부는 벼락의 위험으로부터 안전하다. 벼락은 금속을 따라 지나가지만, 내부의 공기를 지나가지는 못한다. 따라서, 여러분이 금속에 몸이 닿아 있지만 않다면 안전하다. 적어도 야

외 변소에 앉아 있는 것보다는 훨씬 안전하다.

3. 발전소에서 전류를 너무 많이 송전하여 갑자기 전력이 급상승할 경우가 가끔 있다. 실제로 1990년, 영국의 피들힌턴 마을 사람들은 그러한 전력 급상승으로 텔레비전과 조리 기구가 터져 버리는 일을 경험했다.

4. 1965년, 미국 북동부 지역과 캐나다 온타리오 지방에서 역사상 최악의 정전 사고가 일어났다. 3000만 명의 주민들이 캄캄한 어둠의 세계에 묻혔지만, 다행히도 이 혼란 속에서 생명을 잃은 사람은 두 명밖에 없었다.

다음의 즉석 퀴즈를 통해 여러분이 전기에 대해 얼마나 많이 알고 있는지 테스트해 보자. 그러면 전기에 대해 더욱 흥미를 느끼게 될 것이다.

전기에 관한 깜짝 퀴즈

1. 다음 기계 중 전기가 필요 없는 것은?
a) 변기   **b)** 전화   **c)** 라디오

2. 큰 전기 충격을 받은 사람이 공중으로 튀어나가는 이유는 무엇일까?(애완 동물이나 나이 든 허약한 선생님에게 이것을 시험해 보려고 하지는 말 것)

a) 전기의 힘이 그 사람을 땅에서 들어올리는 것이다.

b) 전류가 신경을 타고 지나가면서 근육이 급격하게 수축하기 때문에 뒤로 밀려나는 것이다.

c) 전기가 중력의 작용 방향을 반대로 바꾸어 몸이 1초 동안 무중력 상태가 되기 때문이다.

3. 폭풍우가 몰아치는 동안에 운동장을 가로지르던 선생님이 벼락을 맞았다. 그건 그렇다 치고, 번개가 칠 때 운동장에 있는 것은 왜 위험할까?

a) 선생님에게 인공 호흡을 해야 할지도 모르니까.

b) 비 때문에 운동장이 젖어 있다. 그래서 벼락의 전류가 젖은 지표면을 통해 전달되어 위험하므로.

c) 뜨거운 벼락이 운동장의 물 웅덩이를 아주 뜨거운 증기로 만들기 때문에.

답:

1. a) 높이는 건물 옥상에 붙여 놓은 피뢰침을 통해 땅으로 흘러 들어간다. 야구공이 날아가다가 수구나 글러브를 만나면 딱 멈추듯이, 번개도 피뢰침을 타고 땅으로 이동하면 전하량이 '0'이 되므로 더 이상 움직이지 않는다. 그리고 야구공이 다시 튀어오르듯, 전기 유도의 법칙에 따라 바깥으로 튕겨 나가지도 않는다. 그래서 대피 장소로는 피뢰침이 달린 장소가 좋은데, 1966년에 토마스(Thomas J. Bayard)라는 아이가 피뢰침 장치가 된 집으로

하는 방기를 고안했다. 양초에서 풍기는 좋은 냄새 정도에 진동이 될 듯한 냄새라고 말할 수 있다. 그러나 사람들은 별로 만족스러워하지는 않았다. 그 뒤 기체 시장에서 의문이 불어졌다.
2. b) 이것은 전기 기체로부터 사람들 속에서 살아남기까지 비싼값을 치러야 하는 좋은 방법이다. 정말 전기 중절이 끈질기고 오래 살아남도록 해 좋은 꿀을 잃었다. 장에 미치는 또 다른 즉각적 효과는 사람이 나뭇가지 등에 ... 그 사이에 여러분이 마시는에서 시원한 맥주 마저 마시는 가지.
3. b) 전기는 꿀을 매우 빠르게 졸일 수 있다. 대리야, 때로는 꿀 기가 빈 꿀을 기가 있다. 수십개의 가신이나 수많의 피라미드 같이 바다의 모서리에서 한 상시를 수 있다. 그는 좋은 모서리를 한 세트오니다.
이용한다.

무시무시한 건강 경고!

전선을 통해 흐르는 전기는 아주 위험하다! 이 책에 소개된 실험들을 직접 해 보는 건 좋지만, 절대로 콘센트나 소켓으로부터 전기를 끌어 쓰지는 마라! 그랬다간 위에서 말한 것처럼 지독한 냄새를 풍기게 되거나 심지어는 목숨을 잃을 수도 있다. 만약 여러분이 살아 있는 전선이라면, 그리고 계속 살아 있는 전선으로 남아 있고 싶다면, 절대로 그런 것에 가까이 가지 마라(다른 사람이 감전되었을 경우의 응급 처치법에 대해서는 91쪽을 참고하라)!

그렇지만 여러분이 그러한 실험에 빠지기 전에 먼저 흥미로우면서도 중요한 의문에 대해 알아보자. 도대체 전기의 정체는 무엇일까? 그 답을 모른다면, 어서 읽어 보라. 쇼킹한 내용으로 가득 찬 다음 장에 그 답이 나와 있으니까!

전기에 관한 쇼킹한 비밀들

전기는 무엇으로 만들어져 있을까? 누구 아는 사람?

오, 과학 선생님인 우리의 족제비 선생님께서 답을 알고 계신 것 같다.

아이쿠, 고맙기도 하셔라. 무슨 소린지 이해가 가는 사람? 아무도 없다고? 그렇다면 처음부터 다시 시작해야지. 우주에 존재하는 모든 것은 원자라고 하는 아주 작은 입자들로 이

루어져 있으며, 대부분의 원자들은 원자핵과 원자핵을 둘러싼 전자라는 훨씬 작은 에너지 입자들의 구름으로 이루어져 있다.

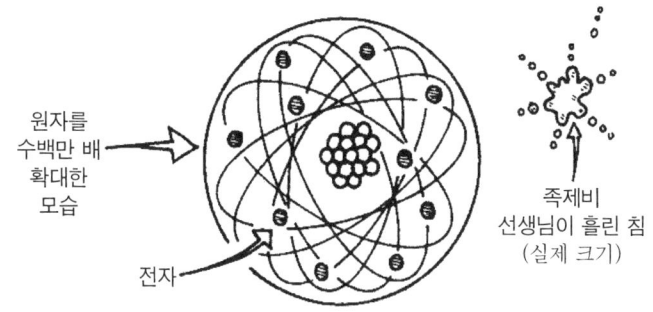

원자를 수백만 배 확대한 모습 → 전자

족제비 선생님이 흘린 침 (실제 크기)

그러니까 여러분이 가정에서 쓰고 있는 전기는 움직이는 전자들로 이루어져 있으며, 전기의 힘인 전력은 전자들에서 나오는 힘이다.

원자 가족이 있다고 상상해 보자.

원자 가족을 만나 보세요!

과학의 세계에서 가장 어지럽게 돌아다니는 가족!

엄마   아기 전자들

까탈스런 과학자의 점잖은 충고

사실은, 원자핵도 전기력을 방출하고 있다. 28쪽에 두 힘에 대한 더 자세한 내용이 나온다.

★ 요건 몰랐을걸!

전자는 정말로 아주 작다. 전자는 원자핵보다 약 1만 배나 더 작다. 아주 섬세한 손을 가진 사람이라면 전자 1조 개를 일렬로 늘어세울 수 있을 것이다. 그래도 그 줄의 길이는 핀 대가리의 지름보다도 작다!

수세기 게임

- 손전등을 하나 준비하라. 그리고 불을 켜고, 하나, 둘, 셋 … 하고 수를 세어라.
- 손전등에서 나오는 빛은 매초 6,280,000,000,000,000,000개의 전자를 사용하고 있다. 이것이 얼마나 큰 수인지 짐작이 가지 않는다면….
- 하루는 86,400초이다. 1초에 하나씩 세어 100만까지 세려면 열이틀 동안 잠시도 쉬지 않고 계속 세어야 한다. 믿어지지 않으면, 직접 세어 보라구!

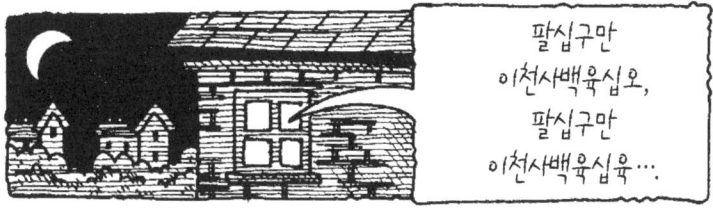

- 그런 식으로 32년 동안 계속 센다면(자지도 않고, 먹지도 않

고, 화장실에도 가지 않고), 마침내 10억까지 셀 수 있을 것이다(그 전에 여러분이 죽지 않는다면).

- 그래도 조금도 놀라지 않았다고? 그렇다면 이건 어때? 여러분의 희미한 손전등이 1초 동안 사용하는 그 전자들의 수를 다 세려면, 지구의 나이인 46억 년보다 훨씬 더 오래 수를 계속 세어야 한다!

독자에게 드리는 충고

우리가 '전류'라고 부르는 것은 사실은 전선을 통해 흐르는 전자들의 흐름이다. 그러한 전자들의 강물에서 헤엄을 치는 것이 어떤 것인지 상상해 본 적이 있는지? 실제로 그러한 일을 경험한 사람의 이야기를 소개하고자 한다. 그는 괴상한 일을 하는 사람으로, 이름은 별난손이다. 이름도 참 별나지? 사건은 별난손의 몸이 갑자기 아주 작아지면서 시작되었다….

아주 작고 작고 작고 작고 작은 세계

이것은 내 이야기니까, 내가 주인공이라는 데 대해 불만 없겠지? 내 이름은 별난손이다. 이름 그대로 좀 별난 데가 있긴 하다.

별난손

배관공, 전기공, 벽돌공, 수선공 등 못 하는 일이 없음. 급히 일손이 필요하시다고요? 아무리 작은 일이라도 다이얼만 눌러 주세요!

(전화 01201 5843673 이동 전화 19123 87690)

언제든지 나를 불러 주어도 좋지만, 텔레비전에 별난 퀴즈 프로그램이 방영될 때만큼은 부르지 말아 주었으면 한다. 그러면 내가 경험한 그 괴상한 사건을 들려 주겠다. 그 사건은 멋대로 교수의 집에 불려 갔을 때 일어났다. 내가 하는 일은 우리 사이에서는 위생 공학이라고 부르지만, 실은 멋대로 교수 집의 막힌 변기를 뚫어 주는 일이다.
그런데 놀라운 것은 멋대로 교수가 내게 이 보호복을 입으라고 한 것이다!
나는 "좋아요"라고 대답했다. 단순히 냄새가 아주 지독한가 보다라고 생각했거든.

멋대로 교수

신분을 확인하지 않은 것이 나의 치명적인 실수였다. 별난손이 나타났을 때, 나는 그가 별난코 박사인 줄 착각했다. 별난코 박사는 내가 새로 발명한 축소 광선을 테스트하는 걸 도와 주러 오기로 약속이 돼 있었다.

별난코 박사라고? 흥! 멋대로 교수는 내게 이 기계 밑에 서라고 말했다. 그것은 전혀 변기 같아 보이지 않았다. 그래서 뭐가 말하려는 순간, 멋대로 교수가 손잡이를 당겼다. 그러자 갑자기 멋대로 교수의 몸이 엄청나게 커지고, 덩달아 방 전체도 엄청나게 커지기 시작했다. 그런데 다시 생각해 보니… 거꾸로 내 몸이 작아지고 있는 게 아닌가!

비록 내 명함에는 아무리 작은 일이라도 불러 달라고 쓰여 있지만, 이 일은 너무 지나치게 작은 일이 아닌가! 내 몸은 점점점 작아져서 결국 전선 속으로 들어갔다. "여기가 어디야?" 나는 소스라치게 놀라 소리쳤다.

그 후에 축소 비율을 조절하는 장치에 착오가 생겼다. 광선을 중단시켰을 때, 별난손은 이미 0.000000025mm의 크기로 줄어들어 있었다. 그러니까 거의 원자만한 크기로 축소된 것이다. 엎친 데 덮친 격으로 별난손은 기계 속으로 사라지고 말았다. 긴급 상황이 발생한 것이다!

그렇다! 그것은 정말 위험한 상황이었다. 내 눈앞에 맨 처음 나타난 것은 이 괴기스러운 공들이었다. 나는 그것들이 원자라는 사실을 알고는 깜짝 놀랐다. 원자들 겉표면에는 작은 덩어리들이 바쁘게 돌아다니고 있었다. 그것들은 하도 빨리 돌아다녀서 어슴푸레한 안개처럼 보였다. 나중에 멋대리 교수는 그것들이 전자라고 말해 주었다. 전선 양옆으로 원자들이 늘어서 있고, 그 사이로 전자들이 강물처럼 흘러가고 있었다. 그러다가 나도 그 전자들의 강물에 휩쓸려 흘러갔다. 그것들은 고무로 만든 콩 같았고, 나는 살기 위해 죽어라고 헤엄쳐야 했다. 무서웠느냐고? 그걸 말이라고 해? 온몸이 땀으로 흠뻑 젖었다.

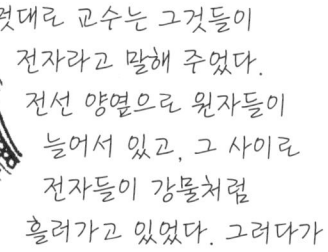

아아! 이 공포의 전자 강물을 어떻게 벗어날 것인가? 그렇지만 나는 숙련된 전기공이 아닌가(하기야 무슨 일이든 못 하랴)? 나는 전류가 모두 같은 방향으로 흘러가는 전자들 때문에 생긴다는 사실을 알고 있다. 다행히도, 이 전자들은 속도가 아주 빠르지는 않다. 만약 속도가 빨랐다면 나는 목숨을 잃든가 익사하든가 이미 끝장났을 것이다.

이것은 전류 속에서 전자들이 매우 천천히 움직인다는 것을 보여 주는 증거이다. 그러니까 초속 0.1mm 정도로 천천히 움직인다. 어쨌든 이제 나는 축소 광선 기계를 확대 광선 기계로 전환하여 별난손을 구출하기로 했다. 어떤 일이 일어나는지 잘 보기 위해 전기 스위치를 올렸다.

딸각!

자, 그러면 어떤 일이 일어났겠는가? 전선이 점점 가늘어지기 시작했다. 전자들은 서로 뭉치더니 속도가 느려지면서 양 측면의 원자들에 몸을 비비기 시작했다.

화끈 화끈

앗, 뜨거워! 마찰이 일어나니 열이 발생하는 건 당연하지!

원자들

전자들

빛 덩어리들이 날아다니기 시작했다. 그러다가 그것이 나를 쳤다. 나는 전구 속에 들어 있었다. 멋대로 교수가 스위치를 올린 바로 그 전구 속에! 그렇다고 내 기분까지 환해진 것은 아니다.

물론 별난손이 전구 속에 들어 있으리라고는 생각지도 못했다. 우리 과학자들은 별난손이 마찰이라고 말한 것을 '저항'이라고 부른다. 그리고 별난손이 본 빛 덩어리들은 '광자'라고 부른다.

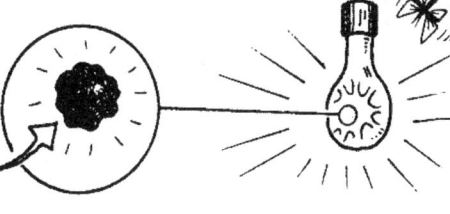

광자를 수백만 배 확대한 모습

광자들은 전자들의 열이 식으면서 발생한다. 그것은 과학적으로 아주 흥미로운 경험임에 틀림없다.

흥미로운 것 좋아하네! 남은 죽기 일보 직전인데! 보호복이 녹고 있고, 내 몸도 곧 녹을 것 같다. 땀이 비 오듯 쏟아지고, 몸이 타오르고 있다. "아아, 이제 별난 퀴즈 대결 결승전도 못 보게 되었구나!"

바로 그 때, 내 휴대폰이 울렸다. 나는 전화를 받을 기분이 아니었지만, 어쨌든 대답을 했다. 모두에게 작별 인사라도 남겨야 하지 않겠는가…

나는 별난손의 명함에 휴대폰 전화 번호가 적혀 있다는 사실을 기억해 냈다. 그래서 전화를 건 것이다. 나는 그가 전구 속에 갇혀 있다는 걸 알고 깜짝 놀라 즉시 스위치를 내렸다.
그러자 전자들의 흐름이 멎고, 불도 꺼졌다.

정말 긴박한 순간이었다. 필라멘트는 식기 시작했지만, 나는 아직도 이 위험한 정글, 아 그러니까 전선에서 빠져 나가지 못했다. 도대체 멋대리 교수는 나를 어떻게 꺼내 줄 것인가? 어쩌면 평생 이렇게 작은 크기로 살아야 할지도 모른다. 그러면 얼마나 오래 살 수 있을까? 이 몸으로는 개미한테도 밟혀 죽을 테니 밖에 나다닐 수도 없을 것이다.

전선을 조금씩 확대하면서 별난손이 들어 있는 부분을 잘라 냈다. 마침내 별난손을 그 속에서 꺼내기까지는 세 시간이 걸렸다. 그런 다음, 그를 정상 크기로 확대시킬 수 있었다. 물론 그는 무척 화를 냈다.

내가 화를 냈다고? 나는 거품을 뿜고 있었다! 나를 전구 속에 가둬 놓고는 태워 죽이려고 하지 않았던가! 그리고는 나를 원래의 크기로 되돌려 놓았다. 내가 평소에 그렇게 바라던 180 cm가 아니고!

그러고 나서 어떤 일이 일어났게? 멋대로 교수는 변기가 막힌 것에 대해서만 이야기하는 게 아닌가! 나는 몹시 화가 났다. 어디 나중에 청구서를 들이밀 때 두고 보자지. 그건 결코 작은 액수가 아닐 테니까! 아마 멋대로 교수는 몸이 아주 작아져 사라지고 싶어할걸?

긴급 뉴스

좋은 소식이 있다! 족제비 선생님을 식당의 창고에 가두는 데 성공했다고 한다. 그러니 당분간 과학 시험은 없다. 휴!

그렇지만 족제비 선생님이 탈출할 경우에 대비해 모범 커닝 페이퍼를 알려 주겠다.

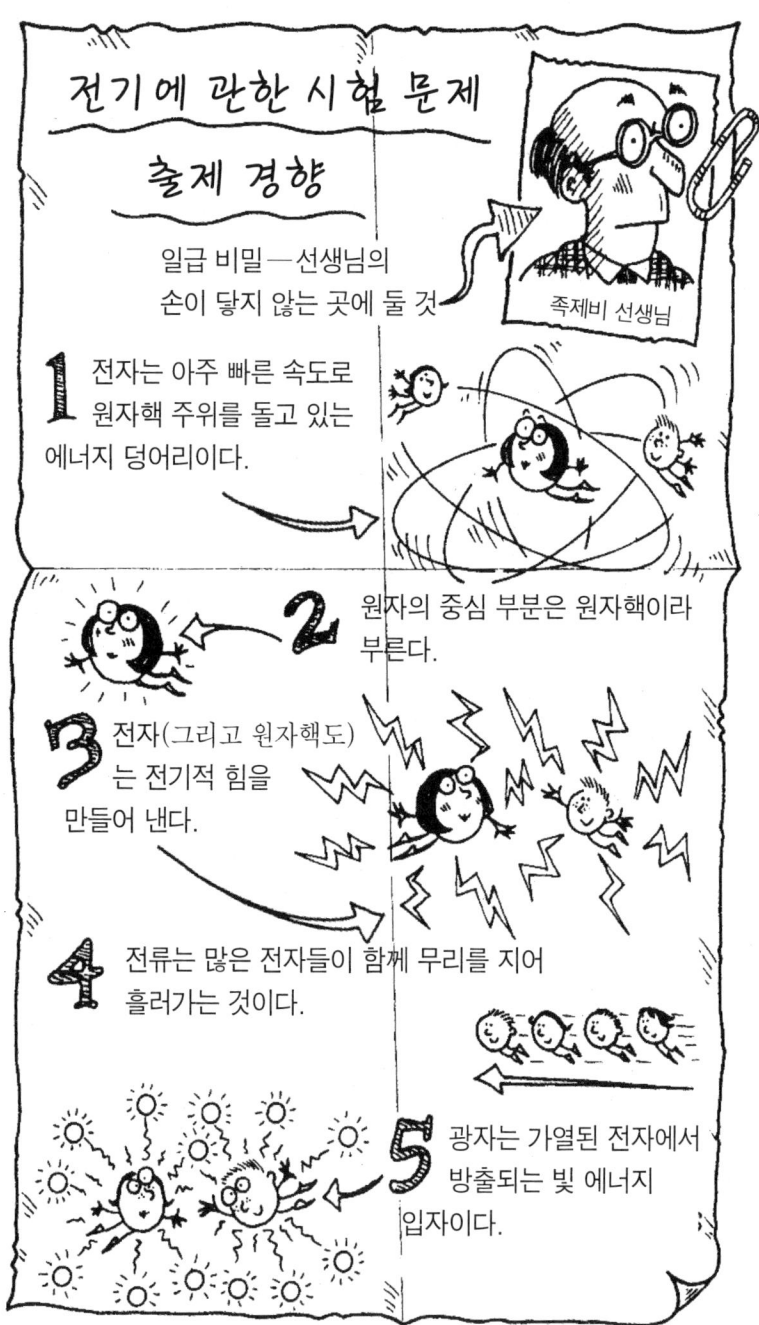

알쏭달쏭한 표현

답 : 오, 설마 여러분도 이런 식으로 대답한 것은 아니겠지? 전도체 (흔히 도체라고 함)는 전기가 잘 통하는 물질을 말한다. 전도체 속의 전자들은 잘 흘러다니기 때문에 전기를 잘 통하게 해 준다. 한편, 전기가 잘 통하지 않는 물질을 부도체라 한다. 금속은 전기가 잘 통하는 도체인데, 원자에서 맨 바깥쪽 전자들이 쉽게 떨어져 나와 잘 돌아다닐 수 있기 때문이다. 전선을 구리로 만드는 것도 이 때문이지!

그런데 지금쯤 다음과 같은 의문이 떠오른 독자가 있을지도 모르겠다.

그렇다면 다음 장에서는 어떻게 그 놀라운 발견이 이루어졌는지 알아보기로 하자.

짜릿짜릿한 발견

과학자들은 가끔 우리를 어리둥절하게 만들 때가 있다. 아무도 본 적이 없는데도, 아주 작은 어떤 물체가 존재한다고 진지하게 말할 때도 그런 경우이다.

하기야 이것들은 가장 성능이 좋은 현미경으로도 볼 수 없을 정도로 크기가 작으니까 이해를 해야겠지. 그렇지만 보이지 않는 그것이 어떻게 발견되었는지 그 놀라운 이야기를 알아보자(아, 선생님의 뇌가 아니라, 전자 말이다).

획기적인 두 가지 발견

1880년경에 과학자들은 전기를 만들어 내고 저장하는 방법을 알고 있었지만, 전기의 정체는 알지 못했다. 바로 그 해에 윌리엄 크룩스(William Crookes)가 어떤 기계를 만들었는데, 그 기계가 그 답을 찾는 데 도움을 주었다….

음극선관

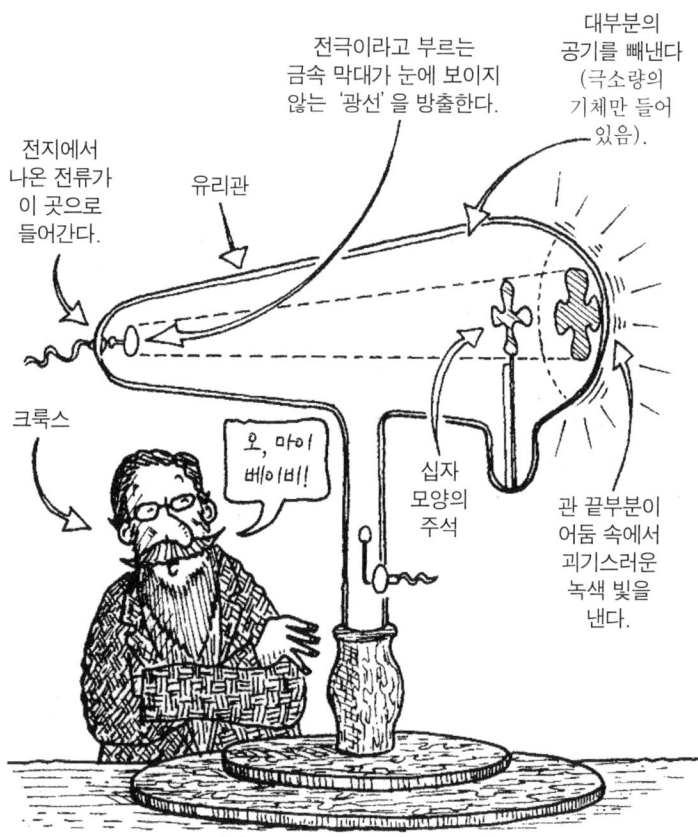

★ 요건 몰랐을걸!

크룩스가 유리관 속에서 공기를 뽑아 낸 것은 공기 중의 원자들을 없애기 위해서였다. 눈에 보이지 않는 '광선'이 공기 중의 원자들과 충돌하면, 나아가는 데 방해를 받을 수 있기 때문이다. 오늘날 그 '광선'은 전지에서 나온 전자들의 흐름이라는 것이 밝혀졌다.

나도 과학자가 될 수 있을까?

그 괴기스러운 녹색 빛의 정체는 무엇일까?
a) 전자들과 충돌한 기체가 빛을 내는 것이다.
b) 전자들이 부딪친 유리관이 빛을 내는 것이다.
c) 기체와 유리 속의 화학 성분 사이에 화학 반응이 일어난 것이다.

> 답:
> b) 빠르게 달리는 전자들과 부딪치면서 유리관이 들뜬 상태로 되었다가 제자리로 돌아올 때 에너지를 빛으로 내놓기 때문이다. 이것이 바로 형광등이 빛을 내는 원리이다.

크룩스는 이 사실을 알지 못했기 때문에 자기 눈앞에서 일어나는 현상을 이해하지 못했다. 게다가, 다른 과학자들은 크룩스의 말을 믿으려고 하지 않았다. 문제는, 크룩스가 유령을 믿었다는 데 있었다. 무슨 이야기냐 하면….

명예의 전당 : 윌리엄 크룩스(William Crookes ; 1832~1919) 국적 : 영국

크룩스는 열여섯 형제 중 장남이었다(15명이나 되는 동생들이 여러분의 물건을 부수고 귀찮게 구는 것을 생각해 보라!).

그런 상황이라면 누구든지 멋진 인생을 산다는 것은 포기해야겠지? 크룩스가 화학 선생이 된 것도 그 때문인지 모른다. 그렇지만 그는 나중에 많은 재산을 물려받았다. 그는 교사

직을 때려 치우고, 개인 실험실을 세워 거기서 재미있는 실험들을 했다.

그렇지만 그가 한 연구 중에는 다른 과학자들을 깜짝 놀라게 한 것도 있었다. 그 당시 많은 사람들은 죽은 자의 영혼이 유령으로 나타나며, 영매라고 부르는 특별한 능력을 가진 사람은 유령을 불러 낼 수 있다고 믿고 있었다. 크룩스는 자세한 과학적 조사를 통해 그 진상을 밝혀 보기로 결심했다.

윌리엄 크룩스의 비밀 일기

1870년 11월 11일

오늘 밤, 나는 플로렌스 쿡과 함께 실험에 들어갔다. 그녀는 유령을 불러 내는 재주가 있다고 명성이 자자한 영매이다. 내가 준비할 것은 아무것도 없었다. 우리는 어두운 방에 앉았다. 잠시 후, 영매는 무아지경에 빠져들었다. 그녀는 눈을 감고, 숨을 빠른 속도로 내쉬기 시작했다. "여기 누구 있어요?" 하고 그녀가 소리쳤다. 그러자 갑자기 식탁 위에서 "탁!" 하는 소리가 났다.

"그렇다고 대답할 땐 한 번만 치세요"라고 영매가 말했다.
탁!
"당신은 영혼인가요?"
다시 "탁!" 하는 소리가 났다.
"당신 모습을 우리 앞에 나타낼 수 있나요?"
떨리는 목소리로 내가 물었다.
그 순간, 찬 바람이 휙 불어 들어왔다. 커튼이 퍼덕이더니, 희미한 흰색 형상이 나타나기 시작했다. 나는 공포에 질려 와들와들 떨었다. 그것은 유령처럼 창백한 얼굴을 가진 여자였다. 그녀는 방 안에서 이리저리 날아다녔다. 나는 그녀를 만져 보려고 했지만, 차마 그러지는 못했다.
"당신은…누구신가요?" 덜덜 떨리는 목소리로 내가 간신히 물어 보았다.
유령은 창백한 입술을 움직여 희미한 목소리로 대답했다. "내 이름은 캐티야. 너에게 전해 줄 말이 있어…."
그 때, 영매가 갑자기 외마디 소리를 질렀다. 그녀는 얼굴이 창백해진 채 땀에 젖어 있었다. 다시 고개를 돌렸더니, 유령은 사라지고 없었다. 내게 전하려는 말은 무엇이었을까? 나는 과학 회의가 열릴 때까지 기다릴 수가 없다!

과연 크룩스가 본 것은 진짜 유령이었을까? 과학자들은 크룩스의 보고에 코웃음을 쳤다. 대부분의 과학자들은 유령의 존재를 믿지 않았으며, 크룩스가 유령의 존재를 증명하는 어떤 증거도 얻지 못했다고 생각했다. 오히려 그 실험은 과학자

로서의 크룩스의 명성에 오점을 남겼다.

케임브리지 대학 교수이던 존 조지프 톰슨(John Joseph Thomson ; 1856~1940)은 크룩스의 연구(유령에 관한 것이 아니라)에 관심을 보였다. JJ(친구들은 그를 이렇게 불렀다)는 실험에는 아주 서툴러, 늘 실험 도구를 깨뜨리곤 했다(그렇다고 여러분이 학교에서 실험 도구를 깨뜨린다고 해서 천재가 되는 건 아니다). 다행히도, JJ가 교수가 되고 나자, 자기 대신에 실험을 해 줄 사람이 많이 생겼다.

JJ는 크룩스가 보고한 '광선'은 아주 작은 에너지 입자들로 이루어져 있을 것이라고 추측하고는, 확실한 증거를 얻기 위해 크룩스가 한 실험을 다시 해 보면서 자석으로 그 광선이 휘어지는지 알아보기로 했다. 그는 광선을 휘게 하려면 자석의 힘이 얼마나 강해야 하는지 계산했다. 또, 복잡한 수학을 사용해 광선이 휘는 각도로부터 광선 입자의 무게까지 계산해 냈다. 그 계산은 여러분의 수학 숙제로 남겨 두기로 하자.

그 광선은 정말로 아주 작은 입자들로 이루어져 있으며, 원자보다도 훨씬 더 가벼운 것으로 밝혀졌다. 톰슨은 각 입자가 지닌 에너지를 계산해 냈으며, 그것은 가장 가벼운 원자들의 에너지량과 일정한 관계가 있다는 사실을 알아 냈다. 톰슨은 모든 원자는 이 작은 입자를 최소한 하나 이상, 대개의 경우에는 많이 가지고 있을 것이라고 생각했는데, 그 생각은 옳았다. 이 작은 입자가 바로 전자였다.

★ 요건 몰랐을걸!

전자들은 물체를 단단하게 만든다. 전자에서 발생하는 전기적 힘은 다른 전자를 멀리 밀어 낸다. 고체를 이루는 원자들과 전자들은 빽빽하게 밀집해 있다. 여러분이 고체를 누르면, 그 고체를 이루는 원자들과 전자들도 여러분을 밀어 내기 때문에 여러분은 그 물체가 단단하다는 느낌을 받게 된다. 생각해 보라! 만약 전자들이 없다면, 의자 위에 앉는 것은 마치 연두부 위에 앉는 것과 같이 될 것이다. 그러니까 의자가 무너져 내려 엉덩방아를 찍게 되겠지!

전기적 힘은 그 밖에도 흥미로운 일을 많이 일으킨다. 여러분의 머리카락도 곤두서게 할 수 있다! 다음 장에서 바로 그것을 경험하게 될 것이다. 아마 불꽃도 약간 튈걸!

찌릿찌릿 정전기

고양이를 쓰다듬거나 모직 옷을 입다가 전기 충격을 느낀 적은 없는지? 있다고? 축하한다! 여러분은 바로 정전기를 경험한 것이다. 그런데 정전기의 '정(靜)'은 그다지 좋은 의미는 아니다. 하는 일 없이 조용히 정지하고 있다는 뜻이니까.

그러면 정전기의 전자들은 만화나 보면서 빈둥거리고 있느냐고? 그것은 잘못된 생각이다. 비록 전류 속에서처럼 함께 흘러다니지는 않지만, 전자들은 늘 열심히 돌아다니고 있다. 정전기의 전자들은 공기 중에서 날아다니기도 하고, 섬광을 일으키기도 하며, 과학자에게 불쾌한 충격을 주는 등 여러 가지 흥미로운 현상을 일으킨다.

정전기에 대한 비밀을 이해하기 전에 전자와 원자핵이 만들어 내는 전기적 힘이 미치지 않도록 계산기를 멀리 치우는 게 좋을 것이다. 다음의 간단한 실험을 해 보면 이 말을 이해하는 데 도움이 될 것이다.

직접 해 보는 실험: 전기적 힘은 어떻게 작용하는가?

준비물: 자석 두 개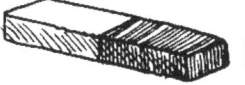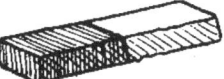

실험 방법:

자석들을 서로 가까이 가져간다.

어떤 일이 일어나는가?

a) 자석들이 향하고 있는 방향에 따라 서로 들러붙기도 하고, 서로 밀어 내기도 한다.
b) 자석들은 항상 서로 끌어당긴다.
c) 자석들을 나란히 놓을 수는 있지만, 그 사이에 어떤 힘이 작용하는 것은 전혀 느낄 수 없다.

> 답: a) 자석들이 서로 끌어당길 때에는 자석들을 한 개씩 잡아서 쥐고 새끼손가락 쪽으로 모은다. 그렇게 하면 자석들 사이에서 밀어 내는 힘이 작용한다.

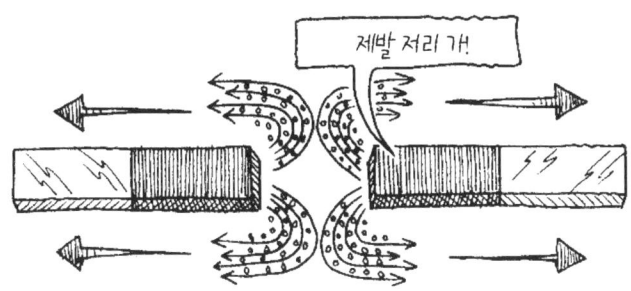

자석들이 서로 끌어당길 때에는 두 자석을 전자와 원자핵

과 같다고 생각하면 된다. 이번에는 실제로 둘 사이에 작용하는 힘이 서로를 끌어당기게 만든다(두 힘 사이에 복잡한 상호작용이 관계하지만, 더 이상 묻지 말길! 나도 잘 모르니까).

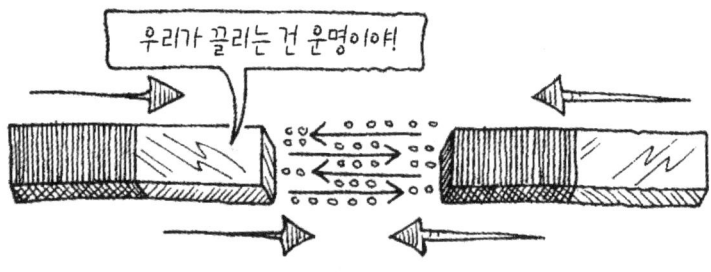

고리타분한 과학자의 충고

1. 원자핵과 전자 사이에 작용하는 힘은 원자를 지탱하게 하는 데 도움을 준다. 좀더 정확하게 말하면, 원자핵에서 나오는 전기적 힘은 원자핵 속에 들어 있는 양성자라는 입자에서 나온다.
2. 우리가 자기라고 부르는 힘은 실제로 전자들에 의해 발생한다! 내 말이 믿어지지 않거든, 115쪽을 보라!

알쏭달쏭한 표현

두 과학자가 대화를 나누고 있다.

이 두 사람은 카드 게임을 하고 있는 것일까?

> 답 : 두 사람은 서로 떨어질 때에 대해 이야기하고 있다. 계속해서 플러 그나 콘센트 같은 전자기기를 쓰는 것만으로도 에너지가 든다. 이 용돈이 많은 방법은 뭐니뭐니해도 기껜 좀!

자, 이번엔 원자 가족이 나와 정전기를 어떻게 만들어 내는지 보여 주겠다고 한다.

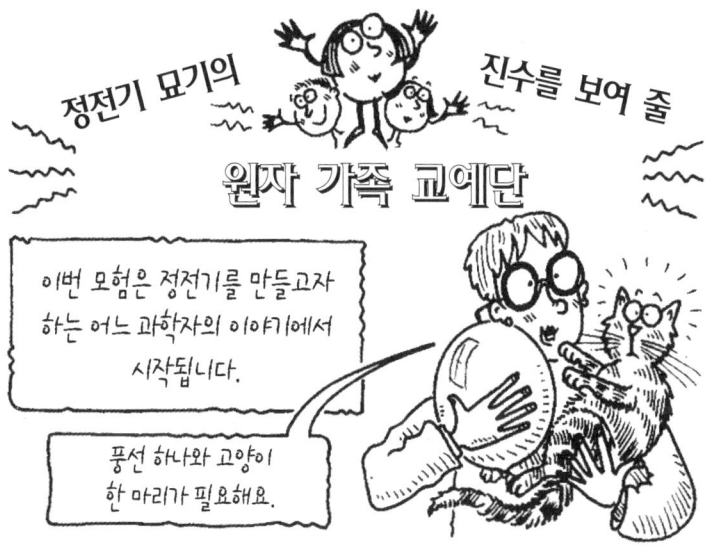

1. 풍선을 고양이 털에다가 열 번 정도 문지른다.

2. 고양이 털에는 원자 가족이 살고 있다.

풍선의 원자들은 고양이 털의 원자들과 마찰을 일으키면서 고양이 털의 원자들에서 전자들이 떨어져 나오게 만든다. 어떤 일이 일어나는지 그 모습을 확대해서 보면….

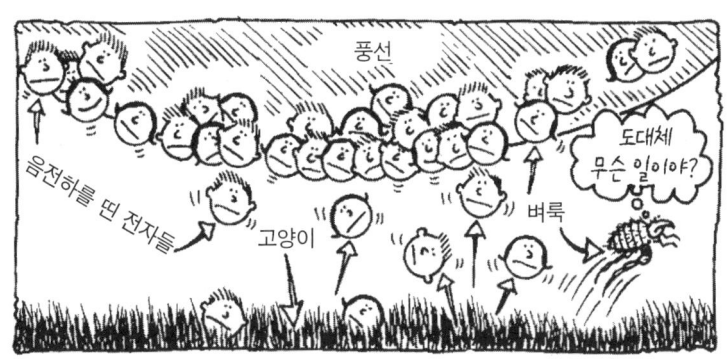

3. 고양이털에서 떨어져나온 전자들은 풍선 표면에 가 들러붙게 된다. 이것은 풍선에 많은 전자 에너지(그러니까 음전하)가 붙게 된다는 것을 의미한다.

4. 전자들이 만들어 낸 강한 음전하는 음의 힘으로 고양이 털의 원자들을 끌어당기게 된다.

5. 한편, 고양이 털에서는 전자를 잃은 원자들이 양전하를 띠게 된다. 그래서 이 원자들은 양의 힘으로 전자들을 끌어당기게 된다.

6. 이렇게 작용하는 양과 음의 힘들이 풍선과 고양이 사이에서 서로 끌어당기기 때문에 고양이 털이 쭈뼛 서게 된다.

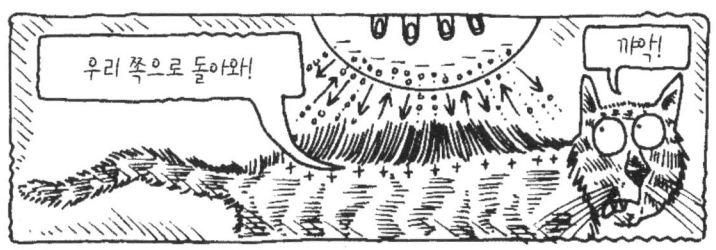

7. 풍선을 고양이 털 가까이로 가져가면, 떨어져 나갔던 전자들이 다시 원래의 원자들에게로 돌아간다. 귀를 기울이면 뿌지직거리는 소리가 조그맣게 들리는데, 이것은 전자들이 돌아가면서 나는 소리이다.

★ 요건 몰랐을걸!
옛날 그리스의 철학자 탈레스(Thales ; 기원전 624~기원전 545)는 호박(琥珀 : 광물의 일종)을 털가죽(그가 기르던 고양이에게 무슨 일이 일어났는지는 상상하고 싶지 않다)에다 문질러 정전기를 만들어 냈다. 그런 다음, 그 호박으로 깃털을 끌어당겼다.

흥미를 느낀다면, 여러분도 같은 실험을 해 볼 수 있다(여러분이 기르는 고양이의 털가죽이 무사하기를!).

아니면, 다른 실험을 해 볼 수도 있다.

직접 해 보는 실험: 폴리에틸렌 조각을 움직이게 하는 법

준비물:

- 10 cm × 2 cm 크기의 폴리에틸렌 조각(비닐 랩을 사용하면 됨)
- 깨끗하고 마른 빗
- 고무 찰흙(또는 압정)
- 깨끗한 털 몇 가닥(여러분의 머리털을 사용해도 된다. 그게 힘들다면 고양이에게 정중하게 부탁해 보라.)

실험 방법:

1. 양손에 폴리에틸렌 조각을 하나씩 든다. 그리고 두 조각을 서로 가까이 가져가 본다. 어떤 일이 일어나는지 관찰하라.

2. 아래 그림처럼 식탁 끝부분에 폴리에틸렌 조각을 고정시키고 아래로 처지게 한다. 이번에는 빗으로 머리를 빠르고 세게 네 번 빗는다. 그리고 재빨리 빗살을 폴리에틸렌 조각에 가까이 갖다 대되, 닿게 하지는 마라. 어떤 일이 일어나는지 관찰하라.

어떤 일이 일어나는가?

a) 두 조각의 폴리에틸렌은 서로에게 끌려간다. 그러나 폴리에틸렌 조각은 빗에는 끌려가지 않는다.

b) 두 조각의 폴리에틸렌은 서로 닿으려고 하지 않지만, 빗에는 끌려간다.

c) 폴리에틸렌 조각과 빗 사이에 섬광이 발생하지만, 두 조각의 폴리에틸렌 사이에서는 아무런 일도 일어나지 않는다.

> 답 : b) 폴리에틸렌의 전자들은 잘 자라지 않는다. 따라서 음전하를 띠는 폴리에틸렌 사이는 밀어내는 힘을 띤다. 따라서 음전하를 띤 사이는 사이에서 기울었고 음의 힘을 받아 사이 쪽으로 끌려 내려오는 것이다. 그래서, 폴리에틸렌 조각은 빗에 머리카락에서 전자들을 빼앗아 이 전자들(음전하)을 약간씩 얻은 폴리에틸렌 조각 사이로 흩어진다.

초강력 정전기

정전기는 아주 유용하게 사용된다. 복사기도 정전기를 이용한다는 사실을 여러분은 알고 있는가? 그 원리를 설명하자면 다음과 같다.

1. 복사할 그림에 밝은 빛을 비추면, 그 상이 거울에 반사된 다음, 렌즈를 통해 금속 드럼으로 간다. 여기까진 이해가 가지?

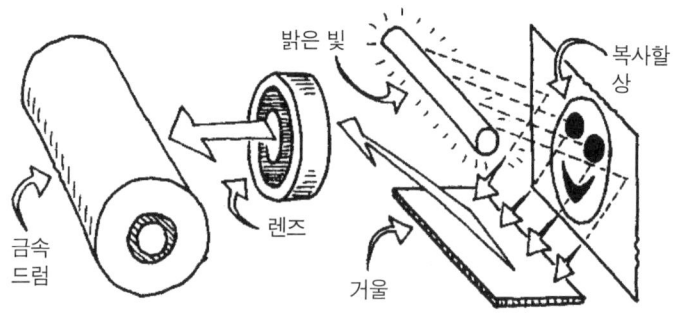

2. 드럼에는 셀레늄(selenium)이라는 물질이 코팅되어 있는데, 셀레늄은 빛을 비춰 주면 전자를 방출하는 성질이 있다.

3. 그 결과, 많은 빛을 받는 드럼 부분(다시 말해서, 원래의 그림에서 더 밝은 부분)은 전자를 잃고 양전하를 띠게 된다.

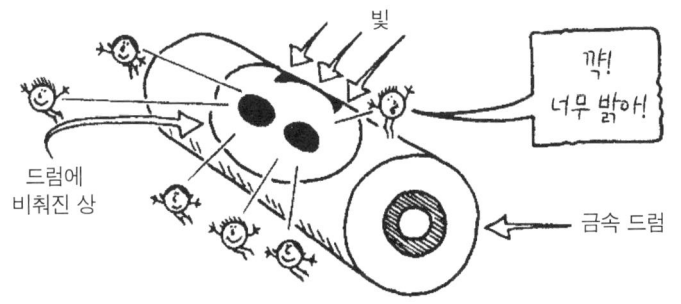

4. 양전하를 띤 토너 가루를 드럼에 뿌려 주면, 아직도 음전하를 띠고 있는 어두운 부분에 가 들러붙게 된다.

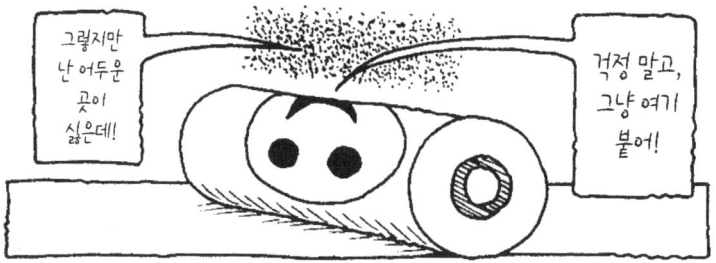

5. 그런 다음, 드럼 위로 종이를 지나가게 하면, 토너가 종이

에 들러붙으면서 원래의 그림이 복사돼 나온다.

6. 온열기는 토너를 부드럽게 하여 토너를 종이에 잘 들러붙게 해 준다.

7. 성공이다! 완벽하게 복사가 끝났다!

★ 요건 몰랐을걸!

복사기는 미국의 발명가 체스터 칼슨(Chester Carlson ; 1906~1968)이 발명했다. 그는 1938년에 정전기를 띤 이끼 포자를 사용해 처음으로 복사에 성공했다. 그렇지만 그렇게 되기 전까지 체스터는 고약한 화학 약품들을 가지고 아파트를 썩은 달걀 냄새로 가득 채우며 4년 동안 실험을 거듭했다. 결국 그의 부인도 견디다 못해 이혼하고 말았고, 조수마저 떠나갔으며, 수많은 회사들은 그의 지원 요청을 거절했다. 그러나 20여 년에 걸쳐 성능이 개선되면서 복사기는 필수적인 사무 기기로 자리잡았고, 체스터는 백만장자가 되었다.

그러나 이전에 정전기를 연구한 다른 과학자들의 노력이 없었더라면 체스터의 발견은 불가능했을 것이다. 가장 찌릿찌릿한 정전기 실험 몇 가지를 한 사람이 스티븐 그레이(Stephen Gray ; 1666~1736)라는 사실을 알고 있는지? 그런데 그는 불쌍한 아이들을 실험 대상으로 삼았다고 한다! 그 충격적인 이야기를 알아보자.

충격적인 이야기

1730년 런던.

"너, 여기에 처음 왔니?" 조가 물었다.

더러운 얼굴에 비쩍 마른 어린 소녀는 말없이 고개를 끄덕였다.

"그래서 줄곧 나를 따라다녔던 게냐?"

소녀는 다시 고개를 끄덕였다.

조는 어떻게 해야 할지 골똘히 생각했다. 그는 하루 종일 어린아이가 자기 뒤를 졸졸 따라다니길 원치 않았다. 그렇지만 이 소녀는 처음 온 고아원을 두려워하는 것 같았다.

두 사람은 먼지 쌓인 바닥에 앉았다. 조는 소녀의 이름을 물어 보았다.

"하나예요." 소녀는 마치 큰 소리로 말하는 것이 두려운 듯 속삭였다.

"그래, 하나. 이 곳 생활도 그렇게 나쁜 것은 아니란다. 재미있는 이야기를 들려 주마."

소녀는 궁금하다는 듯이 상체를 숙였다. "진짜로 있었던 일인가요?"

"그럼! 내가 바로 그 과학자 밑에서 일했거든. 그런데 무슨 일이 있었는지 알겠니? 그 과학자가 나한테 실험을 했단다!"

"그러니까 진짜 과학 실험 말이에요?" 소녀가 물었다.

"자꾸 질문 하지 말고 듣기나 해. 다 알게 될 테니까. 어느 날, 한 늙은 괴짜 과학자가 고아원을 찾아왔단다. 그는 자신의 연구를 도와 줄 아이 하나를 찾았지. 그는 뚱뚱하고 부자였어. 그의 이름은 그레이, 그래 스티븐 그레이였어.

그래서 원장이 내 목덜미를 잡고 그 사람의 실험실에 데려갔지. 두꺼운 커튼이 쳐져 있고, 구두약 냄새가 진동하는 가운데 책상 위에는 은이 놓여 있었지. 나는 아주 멋진 곳이라고 생각했어. 그런데 무슨 일이 일어났는지 알아? 그레이 씨가 내게 아주 근사한 식사를 준 거야. 나보고 먹는 것은 잘 하게 생겼다고 하면서 말이야. 나는 쇠고기와 양파, 고기 만두, 감자에다가 푸딩도 세 그릇이나 먹었어! 천국이 따로 없었지."

조가 하나를 흘끗 쳐다보았더니 하나는 침을 꿀꺽 삼키며 이렇게 말했다. "저도 그레이 씨와 함께 일하고 싶어요!"

"그레이 씨의 하녀가 방으로 들어왔어. 솔터라는 이름의 그 늙고 무서운 얼굴을 한 하녀는 이렇게 말했어. '더 먹이면 저 소년의 척추가 부러질지도 몰라요.' 척추라고? 어쨌든 그 소리를 들으니 덜컥 겁이 나더군. 이 과학자가 나를 죽이려고 하는 게 아닌가 하는 생각이 들었거든. 이렇게 잘 먹인 다음, 내 몸을 토막내 맛있게 먹으려고 하는 건 아닐까? 그레이 씨는 내 얼굴에서 그런 표정을 읽었던 모양이야. 내 머리를 가볍게 치면서 이렇게 말했거든. '걱정 마, 조. 아무 데도 다치지 않을 테니까.'"

"그래서 무사했나요?" 하나가 겁에 질린 목소리로 물었다.

"글쎄…. 어쨌든 나는 아직 살아 있잖아? 그레이 씨는 나를 자신의 실험실로 데리고 갔지. 나는 깜짝 놀랐어. 방 안은 온

갖 과학 장비들과 유리 막대, 금속 공들로 가득 차 있었거든. 플라스크와 망원경도 있었어. 나는 그것들이 어디에 쓰이는 건지 짐작도 할 수 없었지.

그레이 씨는 망원경을 집어들었어. '나는 이전에 천문학자였어. 저 망원경을 들여다보느라 허리를 다치기 전까지는 말이야. 지금은 전기를 연구하고 있지.'

'전기가 뭔데요?' 라고 내가 물었어. 그러자 그레이 씨는 그 괴상한 힘에 대해 모두 설명해 주었어. 음, 지금 내게 그걸 설명해 달라고 하지는 마.

'그건 저 금속 공들하고 관계가 있는 건가요?' 나는 어리석게도 이렇게 중얼거리고 말았어.

'아, 물론이지. 아주 흥미로운 거지. 공 속이 텅 비어 있든 꽉 차 있든 상관 없이 똑같은 양의 정전기를 저장할 수 있다는 것을 내가 증명했거든. 그리고 나는 물체에 전기를 띠도록 하는 방법을 알아 냈어. 우리가 실험하려는 게 바로 그거야.'

그레이 씨가 솔터 부인을 보고 고개를 끄덕이자, 솔터 부인이 전광석화같이 비단 끈으로 내 어깨와 다리와 허리를 친친 묶는 게 아니겠니! 나는 너무나도 놀라 말도 나오지 않았어.

그렇지만 그들이 나를 공중으로 끌어올리자, 나는 있는 힘을 다해 소리를 치기 시작했지. 아까 먹었던 것들이 다 나오려고 했어.

그러자 그레이 씨는 손가락을 입에다 갖다 대더군. '소리지르지 마, 조. 우린 다만 너에게 전기를 통하게 하려는 것뿐이니까.'

'그렇지만 내 몸에 전기가 통하는 건 싫어요!' 라고 나는 소리쳤지.

그레이 씨는 잠시 당황하는 것 같았어. '그렇지만 이것은 다 과학을 위해서란다. 대신에 네게 6펜스를 주마.'

그래서 나는 입을 다물었단다. 사실 1펜스만 받아도 기꺼이 그 일을 하려고 했거든.

나는 마치 공중에서 수영을 하고 있는 것 같은 기분이 들었어. 양팔을 양쪽으로 활짝 벌리고 공중을 날고 있는 자세였지. 그 때 솔터 부인이 유리 막대로 내 옷을 세게 문지르기 시작했어. 한편, 그레이 씨는 내 밑에 놓여 있는 세 개의 금속판 위에 작은 종이 조각들을 놓아 두었어.

'자, 조! 이제 손을 뻗어 이 종이 조각들을 집어올려 봐!' 그레이 씨가 말했지.

'안 돼요!' 라고 내가 소리질렀어. 나는 팔이 짧아 종이까지 닿지 않는다는 걸 보여 주려고 했어. 그런데 마술 같은 일이 일어났어. 갑자기 종이 조각들이 날아오르는 게 아니겠니! 그것들은 마치 결혼식 때 뿌리는 색종이 조각들처럼 보였어.

'브라보!' 그레이 씨가 손뼉을 치면서 외쳤지. 나도 신이 나서 공중에 매달린 채 그에게 고개를 끄덕여 보였어.

'이제 내려 주셔야죠?' 라고 내가 말했더니, 그레이 씨는 고개를 끄덕였어. 그러자 솔터 부인이 내 몸을 묶은 끈을 풀기 위해 손을 뻗었지. 그 순간, '팍!' 하는 소리와 함께 나는 통증을 느꼈어. 그건 아주 고통스러웠어.

'오, 저런! 전기 충격을 받은 모양이구나. 너무 걱정 말거라. 자, 여기 6펜스를 받으렴.' 그레이 씨는 대수롭지 않다는 듯이 이야기했어."

"정말 6펜스를 다 받았나요?" 하나는 눈이 동그래져서 물었다.

"그럼!" 조는 자랑스러운 듯이 말했다.

"그건 정말 큰 돈이잖아요? 나는 그렇게 큰 돈은 본 적이 없어요. 그걸 보여 줄 수 있나요? 좀 만져 볼 수 없나요?"

조는 반짝반짝 빛나는 은화를 꺼내 보여 주었다. 하나는 손을 뻗어 그것을 만지려고 했다.

"아야!" 갑자기 하나가 비명을 질렀다. "왜 뾰족한 걸로 절 찌르는 거예요?"

"걱정 말거라." 조는 대수롭지 않다는 듯이 손을 흔들면서 말했다. "그건 전기 충격이란다."

직접 해 보는 실험: 조는 어떻게 종이 조각을 끌어올렸을까?

준비물:
- 폴리스티렌 조각(조 대신)

- 모직 옷(털옷)
- 종이 조각 약간(펀치로 찍은 동그란 종이가 이상적임)

실험 방법:
1. 폴리스티렌을 옷에 대고 몇 차례 문지른다.
2. 폴리스티렌을 종이 조각 가까이에 갖다 댄다.

어떤 일이 일어날까?
a) 종이 조각들이 날아올라 폴리스티렌에 들러붙는다.
b) 여러분이 전기 충격을 받는다.
c) 폴리스티렌이 종이를 향해 부드럽게 끌려간다.

> 답 : a) 양의 마찰로 모데를 몸전화시킬 때, 음의 마찰로 종이의 전자들이 나와서 끝난다. 그 결과, 종이 중심에 전자들이 많아진다. 그래서 음의 마찰로 종이를 끌어당긴다. 그러면 종이 중심에 음의 마찰로 발생한다. 그다음, 피 부와 맞닿는 곳에서 전자 이동이 일어날 것이다.

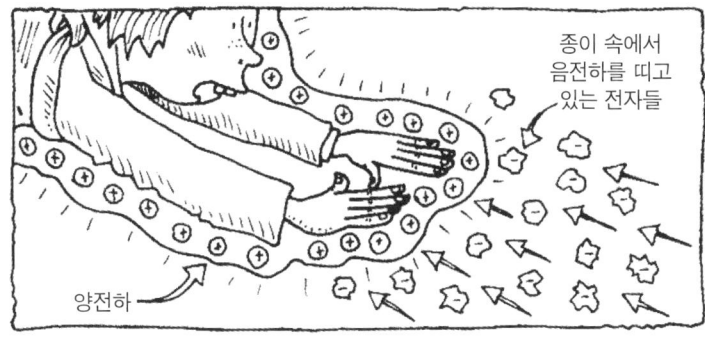

하나가 전기 충격을 받은 것은 조의 몸이 전기를 띠고 있었기 때문이다. 가끔 피부 표면에 정전기의 전하가 모이는 일이

일어난다. 다른 사람과 몸이 접촉할 때 가끔 전기 충격을 받는 것은 이 때문이다.

★ 요건 몰랐을걸!
그레이는 소년에게만 전기를 띠게 한 것이 아니었다. 그는 털, 깃털, 금을 얇게 코팅한 소 창자에도 전기를 띠게 할 수 있다는 사실을 알아 냈다(소 창자에 왜 금을 코팅했는지는 묻지 말길).

그는 여러 가지 도체(도체가 무엇인지 잊어먹었다면 30쪽을 볼 것)에 대해서도 연구를 했다.

그 다음에는 어떤 일이 일어났을까?

1732년, 프랑스의 용감한 과학자 샤를 뒤페(Charles Dufay ; 1698~1739)는 소년 대신에 자신을 실험 대상으로 삼아 그레이가 한 실험을 해 보았다. 조수가 뒤페에게 손을 갖다 대자,

뒤페는 전기 충격을 받으면서 양복 조끼에 불이 붙었다.

뒤페는 그 실험이 환상적이라고 느꼈고, 정전기가 일으키는 불꽃을 잘 볼 수 있도록 캄캄한 어둠 속에서 실험을 하겠다고 우겼다.

뒤페의 실험으로 액체나 금속 또는 그 밖의 다른 물질(고깃덩어리는 제외)로 문질러도 어떤 물체에 전기를 띠게 할 수 있다는 사실이 밝혀졌다. 뒤페는 몰랐지만, 그러한 물질들은 전기를 잘 통해 주는 도체이기 때문에, 전자들이 가만히 머물면서 강한 음전하가 모이기보다는 흘러가는 경향이 있다.

얼마 후, 과학자들은 정전기를 만들어 내고, 필요하면 저장도 할 수 있는 놀라운 장치들을 만들었다(그 당시에는 전선을 통해 공급되는 전기는 아직 발명되지 않았다). 여러분도 그러한 장치를 하나 갖고 싶다고? 여러분의 동생이나 선생님에게 전기 충격을 주는 데 사용하지 않겠다고 약속만 한다면야….

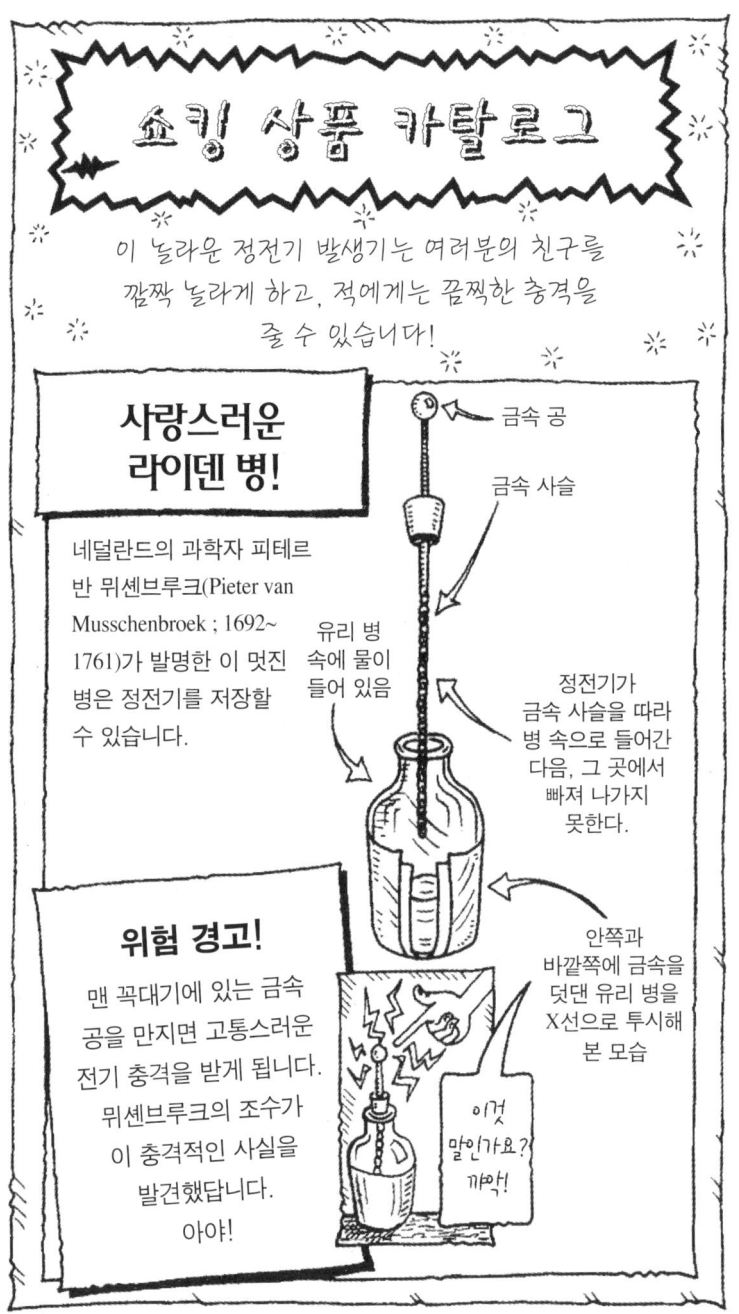

경이로운
윔셔스트 정전기 발생기!

발명가인 제임스 윔셔스트(James Wimshurst ; 1832~1903)의 이름을 딴 이 놀라운 장치는 유리와 금속 원반을 서로 비빌 때 정전기를 만들어 냅니다.

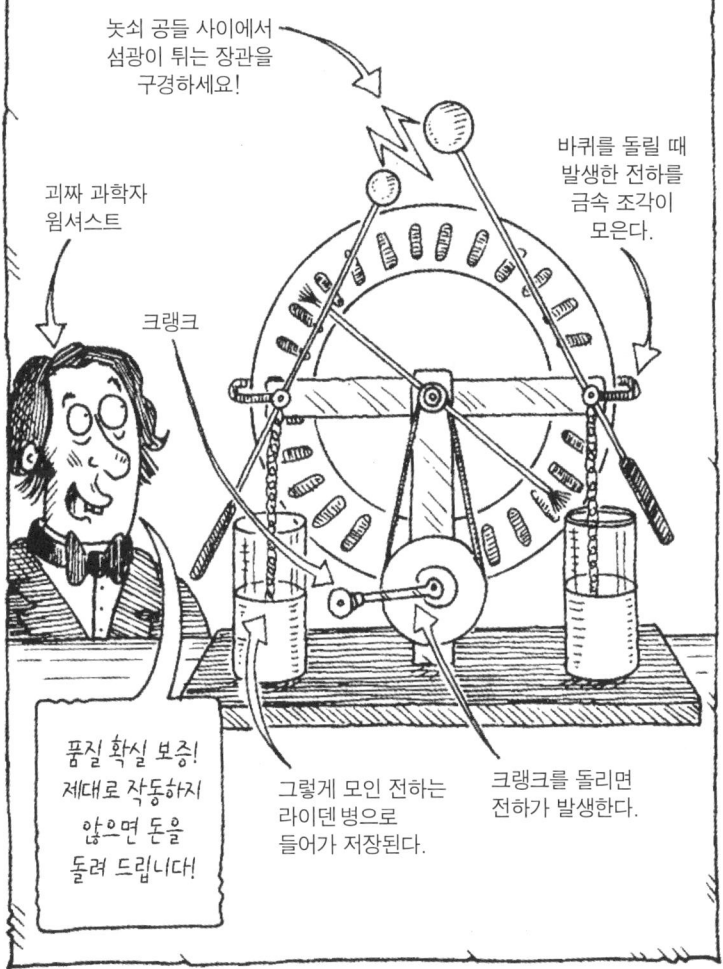

놋쇠 공들 사이에서 섬광이 튀는 장관을 구경하세요!

바퀴를 돌릴 때 발생한 전하를 금속 조각이 모은다.

괴짜 과학자 윔셔스트

크랭크

그렇게 모인 전하는 라이덴 병으로 들어가 저장된다.

크랭크를 돌리면 전하가 발생한다.

품질 확실 보증! 제대로 작동하지 않으면 돈을 돌려 드립니다!

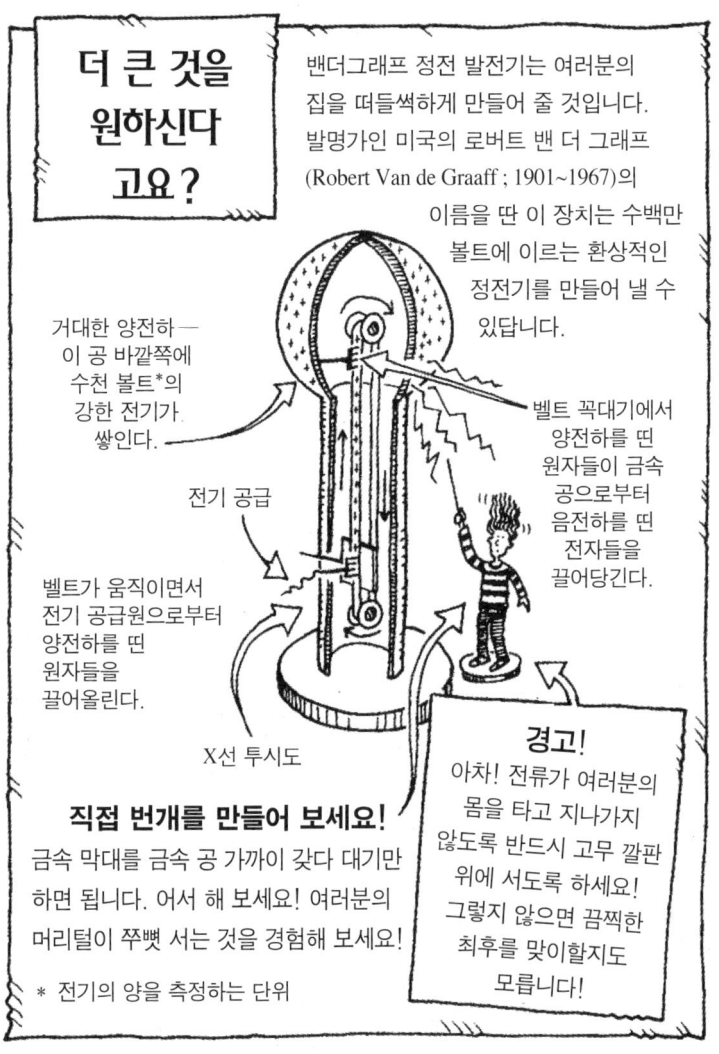

번개라고? 번개도 정전기의 일종이라는 사실을 알고 있는지? 만약 마른 하늘에 번개라도 친다면, 어서 다음 장을 읽어 두는 게 좋을 것이다.

무시무시한 번개

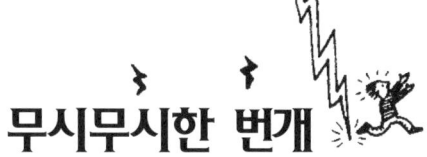

쉬는 시간에 선생님을 곯려 주는 질문

다음의 까다로운 질문으로 선생님을 곯려 주자.

답 : 있다. 번개 속 수증기를 사용해서 기중기를 작동할 수도 있을 거다. '번개 구름 속에 응축되어 있는 물방울들을 전부 모을 수 있다면 말이다. 그러나 유감스럽게도 번개가 치기 전에 큰 물통을 들고 높은 산꼭대기로 올라갈 수는 없다.

그건 그렇다 치고, 물방울이 어떻게 번개를 만들 수 있을까? 똑똑한 학생이라면, 어서 책을 읽고 그 답을 알아보겠지.

진상 조사 X-파일: 번개

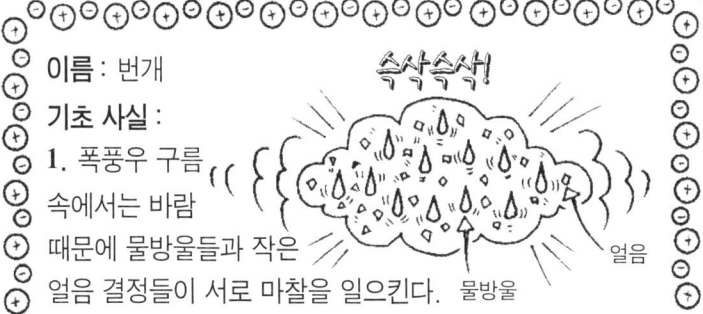

이름 : 번개
기초 사실 :
1. 폭풍우 구름 속에서는 바람 때문에 물방울들과 작은 얼음 결정들이 서로 마찰을 일으킨다.

2. 얼음은 전자를 물에게 빼앗기고 위쪽으로 올라간다.

3. 물방울은 아래쪽으로 떨어지려는 경향이 있다(이것을 비라고 부르지). 그래서 구름 위쪽은 전자가 모자라 양전하를 띠게 되고, 구름 아래쪽은 전자들이 많이 모여 음전하를 띠게 된다.

4. 구름 아래쪽에 형성된 강한 음전하는 음전하를 띤 지상의 전자들을 멀리 밀어 낸다. 그러면 양전하를 띤 원자들만 남은 지점이 생기게 된다.

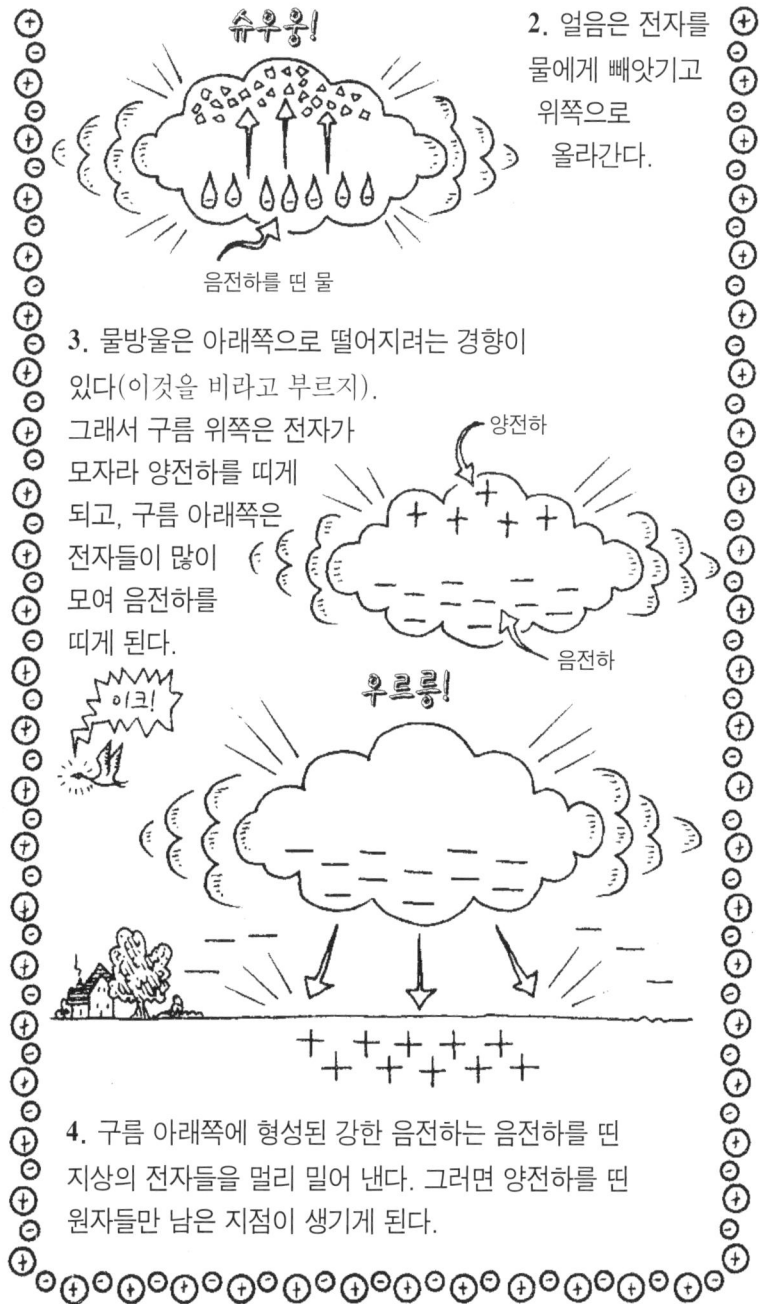

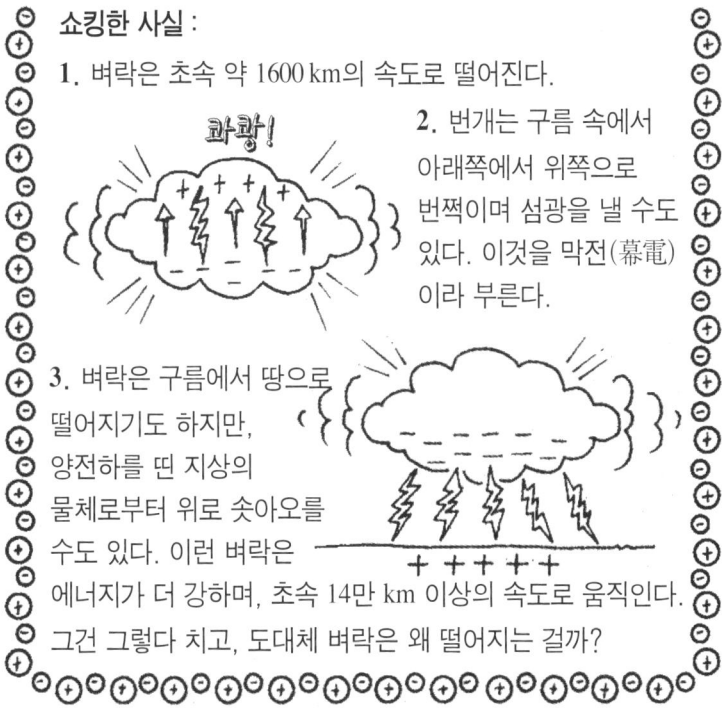

쇼킹한 사실 :

1. 벼락은 초속 약 1600 km의 속도로 떨어진다.
2. 번개는 구름 속에서 아래쪽에서 위쪽으로 번쩍이며 섬광을 낼 수도 있다. 이것을 막전(幕電)이라 부른다.
3. 벼락은 구름에서 땅으로 떨어지기도 하지만, 양전하를 띤 지상의 물체로부터 위로 솟아오를 수도 있다. 이런 벼락은 에너지가 더 강하며, 초속 14만 km 이상의 속도로 움직인다.

그건 그렇다 치고, 도대체 벼락은 왜 떨어지는 걸까?

그 답을 발견하려고 애쓴 사람들은 큰 위험을 무릅써야 했다. 그렇다! 그들은 정말로 목숨까지 위태로웠다.

번개를 붙잡아라!

멋대로 교수는 벼락이 치는 장면을 느린 속도로 촬영하길 원했다. 그러나 이 위험한 일을 누구에게 맡긴단 말인가? 이 세상에 그 일을 할 수 있는 사람은 딱 한 사람밖에 없었다.

나는 별난손에게 몸이 줄어드는 일 따위는 절대로 없을 것이며, 현장에 내가 동행하겠다고 약속했다. 돈을 놓고 약간의 실랑이를 벌인 끝에 마침내 별난손은 그 일을 맡겠다고 말했다.

내가 선뜻 그 일을 맡겠다고 한 것은 캠코더를 다루는 데에는 내가 전문가이기 때문이다. 결혼식, 장례식, 회갑연 등 안 가 본 곳이 없다. 그러니 번개를 촬영하는 것쯤이야 식은죽 먹기지. 내 말은 번갯불에 콩 구워 먹듯이 순식간에 해치울 수 있다는 뜻이다. 그래서 나는 구름을 촬영하면서 번개가 치길 기다렸다. 목을 길게 늘이고 하늘을 쳐다보느라 목에 쥐가 났고, 온몸이 비에 흠뻑 젖었다. "세상에 쉬운 일이 없다니까!" 나는 툴툴댔다.

별난손은 그리 오래 기다릴 필요가 없었다. 구름 아래쪽의 음전하가 어느 정도의 힘으로 모이면, 구름 아래쪽에 밝은 덩어리 모양으로 번개가 나타난다. 사실은, 이것은 음전하를 띤 전자들이 모여 있는 것이다.

양전하를 띤 지상의 원자들이 끌어당기는 힘에 의해 전자들의 흐름이 아래쪽으로 내려간다. 우리가 번개 섬광 자국이라고 부르는 것은 전자들이 공기 중의 원자들을 지나 내려가는 경로이다. 그 도중에 번개와 충돌한 공기 중의 원자들은 열과 빛을 방출한다. 그러면 번개는 더욱 환한 빛을 낸다.

벼락이 지상에 떨어졌다. 벼락 줄기의 폭은 최고 1 cm이다.

번개는 주변의 공기를 순식간에 가열시킨다. 그 공기는 다시 순식간에 냉각된다. 이것은 공기 중에 충격파를 만들어 내는데, 그것이 바로 천지를 진동시키는 천둥 소리이다. 그런데 별난손이 이 사진을 촬영하고 있는 동안 또 하나의 번개가 바로 그가 서 있는 장소 위의 구름에 만들어지고 있었다···.

누가 번갯불에 콩 구워 먹는다는 말을 했던가? 내가 그 콩과 같은 신세가 될 줄 누가 짐작했으랴! 나는 멋대로 교수가 이러저리 뛰며 가리키는 것을 촬영하느라 다음 번 섬광이 아주 빠른 속도로 다가오는 줄 모르고 있었다. 그것이 바로 벼락인 줄은··· 으악!

긴급 뉴스를 전해 드리겠습니다. 번개를 촬영하던 별난손 씨가 벼락을 맞았다고 합니다. 상태가 어떤지 알아보기 위해 급히 병원으로 출동하겠습니다.

그래, 여러분은 번개가 무섭지 않다고? 집 안에 귀여운 번개를 하나쯤 두었으면 좋겠다고? 물론 방법이 있다. 그러나 동생이나 고양이에게 그것을 발사하지 않겠다고 약속하라.

직접 해 보는 실험(I): 번개를 만들어 보자

준비물:
- 안테나를 길게 잡아 뺀 라디오
- 풍선
- 두꺼운 모직 옷(털실로 짠 융단이나 스카프도 괜찮다.)

실험 방법:

1. 어두워질 때까지 기다리거나 불이 꺼진 석탄 창고 안으로 들어간다. 이 실험은 완전히 깜깜해야 효과 만점이다.

2. 풍선을 모직 옷에 대고 열 차례 정도 문지른다. 그러고 나서 풍선을 안테나 가까이에 갖다 댄다.

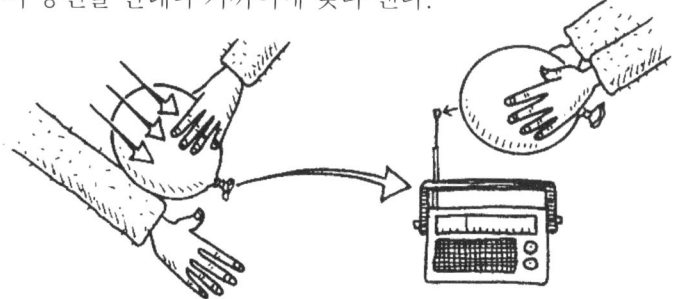

어떤 사실을 알 수 있는가?
a) 만지지 않았는데도 라디오가 켜진다.

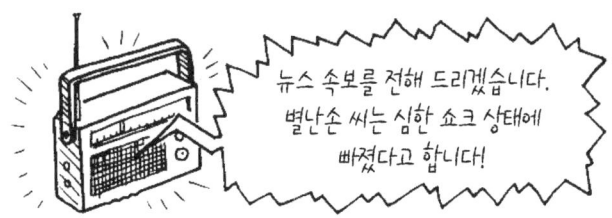

b) 괴기스러운 불빛 덩어리가 나타나 방 안에서 떠다닌다.
c) 조그마한 섬광들이 나타난다.

직접 해 보는 실험(2): 번개의 소리를 들어 보자

준비물 : 앞의 실험과 동일함.

실험 방법 :
1. 라디오의 주파수를 AM 주파수대에 맞추되, 어느 방송국의 소리도 잡히지 않도록 한다.
2. 볼륨을 아주 작게 낮춘다.
3. 앞의 실험을 반복하면서 소리를 들어 보라.

어떤 사실을 알 수 있는가?
a) 주파수를 맞추지 않았는데도 팝 뮤직이 흘러나온다.
b) 조그마한 폭발음이 들린다.

c) 아주 큰 폭발음이 들린다.

> 답:
> 1. c) 이것은 먼저 중이 전자들이 양자 1가 다음, 중이에서 유리되는 이동한 것이다. 이 양이온은 근본적으로 중성자 양 배설에 끌려간다.
>
> 2. b) 이것은 중이에서 유리되어 많의 기가 전자들이 내는 소리이다. 중성자가 핵에서 움직일 때 이동의 오리를 공중 중파수를 내는 소리들. 그리고 이에서 발생하는 소리가 나는 것은 수 있다. 그리고 이에 대해 설명할 필요가 있다. 이는 자연의 법칙 중 하나라 말할 수 있는 것이다.
> 본이 차원에 아니다.

명예의 전당 : 벤저민 프랭클린(Benjamin Franklin ; 1706~1790) 국적 : 미국

프랭클린은 일생 동안 너무나도 많은 일을 했기 때문에 밥을 먹고 잠잘 시간이 있었는지 궁금할 정도이다. 그가 어떤 사람이었느냐 하면….

프랭클린은 17형제 중 막내로 태어났다. 그게 얼마나 불행한가는 여러분은 아마 상상도 못 할 것이다. 16명의 형과 누나가 여러분을 항상 부려 먹고, 화장실에 가는 차례도 맨 나중이고, 목욕도 16명이 하고 남은 더러운 물로 해야 하니까 말이다. 프랭클린은 학교를 3년만 다녔는데, 그것도 프랭클린에게는 아주 길었을 것이다. 프랭클린은 수학을 싫어했고, 나머지 과목들도 모두 낙제를 했으니까. 그러나 그보다 더 나쁜 운명이 기다리고 있었다. 그 다음 7년 동안은 형 밑에서 매일 12시간씩 일해야 했으니까. 게다가, 돈도 한 푼 받지 못했다. 여러분이라면 학교를 그만두고 이런 일을 하고 싶겠는가?

프랭클린은 형 밑에서 일하면서 인쇄 기술을 배웠다. 그러다가 15세 때, 프랭클린은 조그마한 신문의 발행인이 되었다.

원래 그 신문은 프랭클린의 형이 발행하던 신문이었는데, 형이 고위직에 있는 사람들에 대한 험담을 늘어놓다가 그만 감옥에 갇히게 되었다. 그래서 프랭클린이 신문 발행의 책임을 대신 맡게 되었는데, 프랭클린에게 그것은 아주 신나는 일이었던 모양이다.

나중에 프랭클린은 형과 헤어져 필라델피아로 갔다. 필라델피아에 도착했을 때, 프랭클린에게는 빵 한 덩어리만 있었을 뿐, 돈 한 푼 없었다. 운 좋게도 그는 곧 인쇄공의 일자리를 구했고, 그 당시 그 도시를 다스리던 영국 지사와 친해졌다. 그런데 그 지사는 어린 프랭클린에게 사기를 쳤다. 그는 새 인쇄 기술을 배워 오라고 프랭클린을 런던으로 보냈는데, 프랭클린은 배에 타고 나서야 지사가 약속했던 돈을 주지 않았다는 사실을 깨달았다.

프랭클린에게 기회가 온 것은 1732년이었다. 런던에서 인쇄공으로 잠깐 일하다가 펜실베이니아로 돌아온 그는 훌륭한 금언을 곁들인 일종의 달력을 발행했다. 그것은 즉시 히트를 쳤다! 프랭클린이 거기에 써 넣은 글들은 지혜롭고 잘 알려진 것이어서 여러분도 한두 가지는 들어 보았을 것이다.

그러나 프랭클린 자신은 스스로의 금언을 잘 지키지 않았다. 1770년대에 파리에서 생활할 때, 그는 밤늦게까지 파티에 참석하는 것을 좋아했지만, 여전히 건강하고 부자였으며, 현명하기까지 했다. 할머니가 또 그 금언을 들먹이거든 이 사실을 이야기해 주도록(그럴 용기가 있다면).

돈을 많이 번 프랭클린은 인쇄업을 집어치우고, 과학과 발명에 흥미를 가졌다. 그가 발명한 것 중에는 개량형 난로, 높은 선반에서 물건을 내리는 데 사용하는 다단식 손잡이, 유리 그릇으로 만든 악기도 있다. 유리 그릇은 빙빙 돌게 되어 있었는데, 손가락끝으로 그 가장자리를 만지면 소리가 났다.

★ **요건 몰랐을걸!**
프랭클린은 모든 것에 관심을 가졌다. 심지어는 방귀에도! 그는 방귀 냄새를 향기롭게 만들 수 있는 식품 첨가제를 발견하기 위해 방귀 대회를 열기까지 했다. 그 의도는 좋았지만, 불행하게도 그 대회에서 입상자는 아무도 나오지 않았다.

그렇지만 프랭클린의 가장 위대한 발견은 전기에 관한 것이다. 1746년, 그는 전기를 주제로 한 어느 과학 회의에 참석했다가 그 이야기에 흥분을 느껴 발표자가 가진 장비 일체를 몽땅 사다가 직접 실험을 하기 시작했다.

★ 요건 몰랐을걸!

프랭클린은 위대한 과학자였고, 새로운 아이디어를 발표하는 것을 주저하지 않았다. 그는 정전기가 양전하와 음전하로 이루어져 있을 것이라고 주장한 최초의 사람이다(비록 그것을 뒷받침할 만한 충분한 증거는 제시하지 못했지만, 어쨌든 그의 생각은 옳았다). 다만, 프랭클린은 전기가 양전하 쪽에서 음전하 쪽으로 흐른다고 생각했는데, 그것은 틀린 생각이었다. 앞에서 배운 것처럼, 음전하를 띤 전자들이 양전하를 띤 원자 쪽으로 흘러가는 것이다.

다른 실험가들처럼 프랭클린도 라이덴병에서 섬광을 만들어 보았는데, 그 때 발생하는 섬광과 작은 폭발음 소리는 번개를 연상시켰다. 그렇다면 번개도 거대한 전기 섬광이 아닐까? 만약 그게 사실이라면, 그것을 어떻게 증명할 수 있을까?

첫 번째 계획은 교회의 뾰족탑 위에 금속 막대를 세우고, 뇌운으로부터 전기를 끌어 온다는 것이었다. 그러나 그가 생각했던 그런 뾰족탑은 그 당시에 세워진 것이 없었고, 몇 달 후 프랑스에서 한 과학자가 프랭클린이 생각했던 그 실험을 했다. 그 실험은 번개가 정말로 전기로 이루어져 있다는 것을 증명해 주었지만, 아주 위험한 것이었다. 번개가 금속 막대에 떨어질 때, 그 근처에 있는 사람은 생명을 잃을 수도 있었다.

러시아에 살고 있던 독일 과학자 게오르크 리히만(Georg Richmann)이 그것을 몸소 증명해 보여 주었다.

상트페테르부르크 신문

독일 과학자 리히만, 전기 구이가 되다!

위대한 과학자 게오르크 리히만이 벼락에 맞아 사망했다. 리히만은 폭풍우가 몰려오자, 위험한 실험을 하기 위해 쏜살같이 집으로 달려갔다고 한다. 42세를 일기로 사망한 리히만은 번개의 전기가 얼마나 센지 측정해 보려고 했다. 본지는 그의 오랜 친구인 미하일 로모노소프와 인터뷰를 했다.
"나는 그를 말렸습니다. '이보게, 프랭클린의 말로는 전기가 피뢰침에서 점프를 할 수도 있대.' 그러나 리히만이 어디 남의 말에 코방귀라도 뀔 위인입니까? 그 멍청이는 피뢰침 옆에 쇠자를 갖다 놓았습니다. 그는 자에다 실을 묶고서 전기가 그 실을 얼마나 많이 들어올리나 측정하려고 했지요."

로모노소프 씨는 다시 이렇게 말을 이었다.
"그러나 그것이 치명적인 실수였습니다! 피뢰침에서 거대한 섬광이 튀어나왔지요. 그것은 쇠자에 부딪친 다음, 리히만을 덮쳤지요. 나도 벼락에 맞은 듯 정신이 멍해졌습니다. 잠시 후에 보니 리히만은 숯불구이처럼 변해 있더군요. 결코 보기에 아름다운 광경은 아니었죠."

카펫에 남은 그을린 흔적을 보고 경악하는 하인들

그 무렵에 프랭클린은 나름대로 번개에 대한 실험을 감행하고 있었다. 물론 그 실험 역시 아주 위험한 것이었다. 그러먼 프랭클린도 리히만의 운명을 뒤따라갔을까?

벤저민 프랭클린의 실험 일지

1752년 10월 1일

우중충한 날씨다. 천둥도 가끔 울리고, 곧 비가 쏟아질 것 같다. 됐다! 연을 날리는 실험을 하기에는 아주 이상적인 날씨이다. 나는 낡은 실크 손수건으로 특별한 연을 만들었다.

- 손수건 (말라붙은 코딱지)
- 연실을 매단 대못
- 끝에 열쇠를 매단 끈
- 명주실 (전기가 통하지 않음)

내 실험 계획은 이렇다. 연을 폭풍우 속으로 날려 구름 속에서 전기를 일부 끌어오는 것이다. 그 전기는 끈을 따라 내려와 그 끝에 매달린 열쇠에 전기를 띠게 만들 것이다. 과연 이 실험이 성공할까? 실험을 하다가 목숨을 잃는 거야 두렵지 않다.

그렇지만 많은 사람들이 보고 있는 공공 장소에서 숯불구이가 된다면? 아, 그 얼마나 창피한 일인가! 그래서 나는 아들하고 단 둘이서만 아무도 보지 않는 들판으로 나가 실험을 하기로 했다.

세 시간 뒤…

이것은 정말 짜증나는 일이다. 우리 쪽으로 그럴듯한 번개 구름이라곤 하나도 오지 않았다. 아들 녀석은 지루한 모양이다. 그래도 포기할 수는 없다. 아! 마침내 저기 구름이 하나 오고 있다!

이제 연을 하늘 높이 날릴 차례이다! 이야! 열쇠에 연결된 끈이 곤두섰다. 전기가 통해서 그럴 것이다. 손을 열쇠 가까이에 갖다 대 보려고 했다. 그렇지만 만지지는 말아야지. 아야! 나는 몹시 고통스러운 전기 충격을 느꼈다. 그렇지만 나는 매우 기쁘다. 그렇다! 성공한 것이다! 열쇠 가까이에 라이덴병을 가져가 보았다. 섬광이 병 속으로 들어가는 것이 보였다. 그것은 내가 연구해 온 바로 그 정전기이다. 이것으로 모든 것이 증명되었다. 나는 구름에서 전기를 끌어내는 데 성공한 것이다! 그러고도 나는 무사하다!

무시무시한 건강 경고!

프랭클린과 그의 아들은 아주 운이 좋았다. 운이 나빴더라면 그들은 목숨을 잃었을 수도 있다. 만약 연에 벼락이 떨어졌더라면, 프랭클린은 즉사했을 것이다. 여러분은 절대로 번개 구름이나 고압 전선 가까이에서 연을 날리지 말도록!

이렇게 실험에 성공한 뒤, 프랭클린은 벼락이 집에 떨어지는 것을 막을 수 있는 발명품을 고안하는 데 몰두했다.

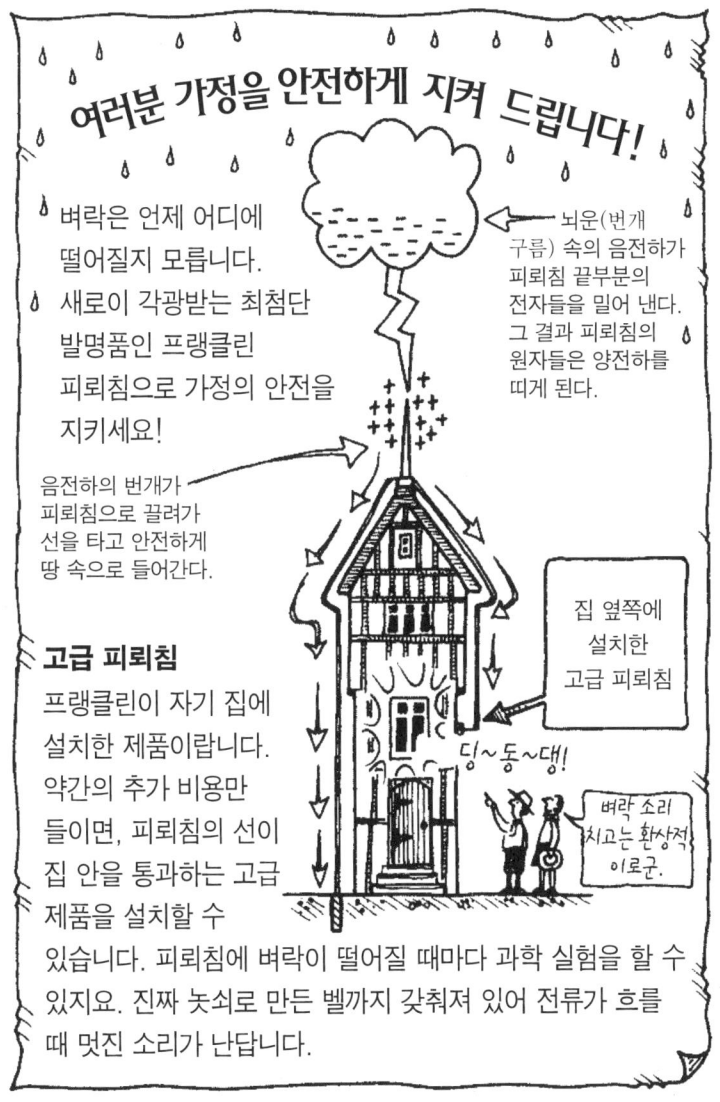

프랭클린은 이 발견으로 유명해졌다. 그 당시 북아메리카는 영국이 지배하고 있었는데, 프랭클린은 1776년에 미국 독

립 선언서 초안을 작성하는 데 참여하였다(함께 참여한 사람들은 프랭클린이 쓸데없는 농담을 적어 넣는 것을 막느라고 진땀을 뺐다고 한다). 프랭클린은 그 후에 프랑스에 대사로 파견되어 프랑스로부터 미국 독립에 대한 지지를 끌어 냈다.

자, 다시 벼락에 관한 이야기로 돌아가자….

★ **요건 몰랐을걸!**

빅토리아 여왕 시절에 영국 사람들은 우산 끝에 피뢰침을 달고 다니기도 했다. 우산 끝부분에 금속 막대가 달려 있고, 거기에 금속선이 매달려 있었다. 이 휴대용 피뢰침은 일반 피뢰침과 똑같은 원리로 작용했고, 벼락으로부터 사람을 보호해 주도록 설계되어 있었다. 그렇지만 이 아이디어가 과연 훌륭한 것인지는 의심스럽다. 그러니까 우산이 벼락을 끌어당긴다는 말인데, 여러분이라면 그런 우산을 들고 다니겠는가?

경고! 우산의 금속선을 개줄로 사용하지 말 것!

선생님을 곯려 주는 질문

여러분은 삶은 생선을 좋아하는가? 싫어한다면, 학교 급식으로 나온 삶은 생선을 따로 보관했다가 그것으로 교무실 문을 탕탕 두들겨라. 문이 삐걱거리며 열리거든, 예쁜 미소를 짓고 그 역겨운 생선을 선생님 코 앞에 흔들면서 다음 질문을 던져 보라….

답 : 물고기가 표면에 가까이 있으면 벼락에 맞아서 죽을 수 있다. 갓 잡은 물고기 중에 죽은 것이 있다면 벼락을 맞았을 수 있다. 시피, 기포가 든 물은 전기가 잘 통하므로 물속의 공기 방울에 벼락이 떨어지면 그 근처의 물고기는 죽을 수도 있다. 기미, 깊은 수족관은 그 근처를 헤엄쳐서 때 수족관 내부의 물을 다르게 수도 있다. 그 수족관에도 있다.

벼락에 관한 더하기 퀴즈

이 퀴즈는 너무너무 쉽다. 정답을 모르더라도, 더하기만 잘 하면 답을 알 수 있으니까.

1. 지구 전체에서 매초 떨어지는 벼락은 몇 개나 될까? 그 답은 14+86.

2. 벼락을 가장 많이 맞은 사람은 몇 차례나 맞았을까? 그 답

은 1번의 답−93.

3. 벼락의 뜨거운 열은 태양 표면보다 더 뜨겁다. 몇 배 정도나 뜨거울까? 그 답은 2번의 답−1.5.
4. 한 번의 벼락에 사람들이 가장 많이 맞은 경우는 몇 명? 그 답은 3번의 답+11.5.

답 :

1. 100회. 다행히도, 한 장소에 그렇게 많은 벼락이 떨어지는 것은 아니다(똑같은 장소에 벼락이 두 번 떨어지지는 않는다는 속설이 있긴 하지만, 믿을 것은 못 된다). 그런데 벼락을 두 번 이상 맞은 사람들도 있다.
2. 일곱 차례. 미국의 산림 경비원인 로이 설리번(Roy Sullivan)이 바로 그 주인공이다. 물론 같은 날에 일곱 차례나 맞은 것은 아니다. 1942년에 그는 벼락에 맞아 발톱이 빠졌다(번갯불에 발톱을 깎았는지도 모르지). 그 다음 해에는 어깨에 화상을 입었고, 1972년과 1973

년에는 머리카락이 불탔다. 1976년에는 발목에 부상을 입었고, 1977년에는 가슴에 화상을 입었다(내 생각에는 그 때쯤에는 어느 정도 적응이 되었을 것 같지만).

3. 5.5배. 벼락의 온도는 3만 °C에 이르는 데 비해 태양 표면의 온도는 5530°C에 불과하다. 그러니 벼락이 단단한 바위도 녹일 수 있는 것은 당연하다.

4. 17명. 1995년, 영국 켄트 주에서 축구 시합 도중에 어린이들과 학부모들이 벼락에 맞았다. 그들은 모두 살아남았지만, 일부는 심한 화상을 입었다.

그건 그렇고, 우리의 불쌍한 별난손 씨는 어떻게 되었을까? 그도 아주 심한 화상을 입었을까? 아직 살아 있을까? 그럼, 과일을 사 들고 병원으로 가 보기로 하자.

벼락에 맞은 별난손의 상태

좋은 소식과 나쁜 소식이 있다. 좋은 소식은 별난손이 병상에 누워 텔레비전의 별난 퀴즈 프로그램을 보고 있다는 것이다. 나쁜 소식은 여러 군데 큰 부상을 당했다는 것.

환자 상태에 관한 기록

X-파일

이름 : 별난손   **나이** : 35세

특기 사항 : 환자는 심리적으로 심각한 문제가 있음. 계속 큰 소리로 멋대로 교수에 대한 원망을 늘어놓음.

증상 : 환자는 벼락에 맞은 여러 가지 증상을 보임.

1. 옷 곳곳에 불에 탄 구멍이 나 있고, 털도 다 타 버렸음.

2. 피부 곳곳에 남아 있는 나뭇잎 모양의 죽은 살은 벼락이 태운 자리를 알려 준다.

3. 벼락은 피부를 통해 몸 속으로 들어가기보다는 몸 위로 지나가기가 더 쉽다. 별난손 씨에게도 이러한 일이 일어난 것이 천만 다행이다. 발가락 사이에 출혈이 나타난 것은 전기가 그의 몸을 지나 이 부분을 통해 땅 속으로 흘러갔다는 것을 보여 준다.

비록 벼락은 그를 죽이고도 남을 만큼 뜨거웠지만, 그의 몸에 그리 오래 머물지 않았기 때문에 치명상을 입지는 않았다.

4. 환자는 약 1분 동안 기절해 있었다. 벼락이 떨어지면서 그 앞에 있는 공기를 미는데, 그 공기의 힘이 별난손에게 충격을 가했기 때문이다. 뼈가 부러지지 않은 것이 다행이다.

진단 : 만약 벼락이 환자의 몸을 통과했더라면, 그 충격으로 심장이 멎고 사망했을지도 모른다. 목숨을 건진 것은 천운이지만, 완전히 회복하기까지는 시간이 좀 걸릴 것이다.

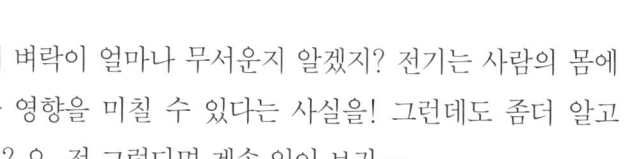

이제 벼락이 얼마나 무서운지 알겠지? 전기는 사람의 몸에 쇼킹한 영향을 미칠 수 있다는 사실을! 그런데도 좀더 알고 싶다고? 오, 정 그렇다면 계속 읽어 보라⋯.

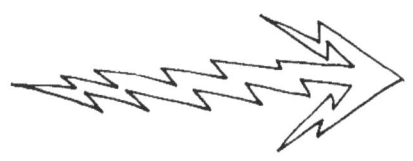

전기 충격 치료법

앞에서 보았다시피, 여러분의 몸을 많은 전기가 지나가는 것은 결코 유쾌한 일이 못 된다. 그렇지만 일부 의사들은 전기를 사용해 환자들을 치료하려고 시도했다. 자, 그러면 잠시 광고를 보고 나서 본론으로 들어가기로 하자.

전기 제품 광고

우리 몸 속에도 많은 전기가 흐르고 있다는 것을 감안한다면, 이러한 원시적인 전기 치료법을 연구한 사람을 약간은 이해할 수 있겠지?

정말이다! 여러분의 몸 속에도 분명히 전기가 흐르고 있다.

진상 조사 X-파일 : 체내 전기

이름 : 체내 전기

기초 사실 :

1. 우리 몸 속에는 크리스마스 트리의 전구들을 밝힐 만큼 많은 전기가 흐르고 있다. 그렇다고 동생을 전구에 연결해 확인해 보려고 하진 마라! 전기는 주로 신경 계통에서 발견된다.

2. 신경 신호는 양전하를 띤 원자들이 신경 속으로 몰려갈 때 발생한다.

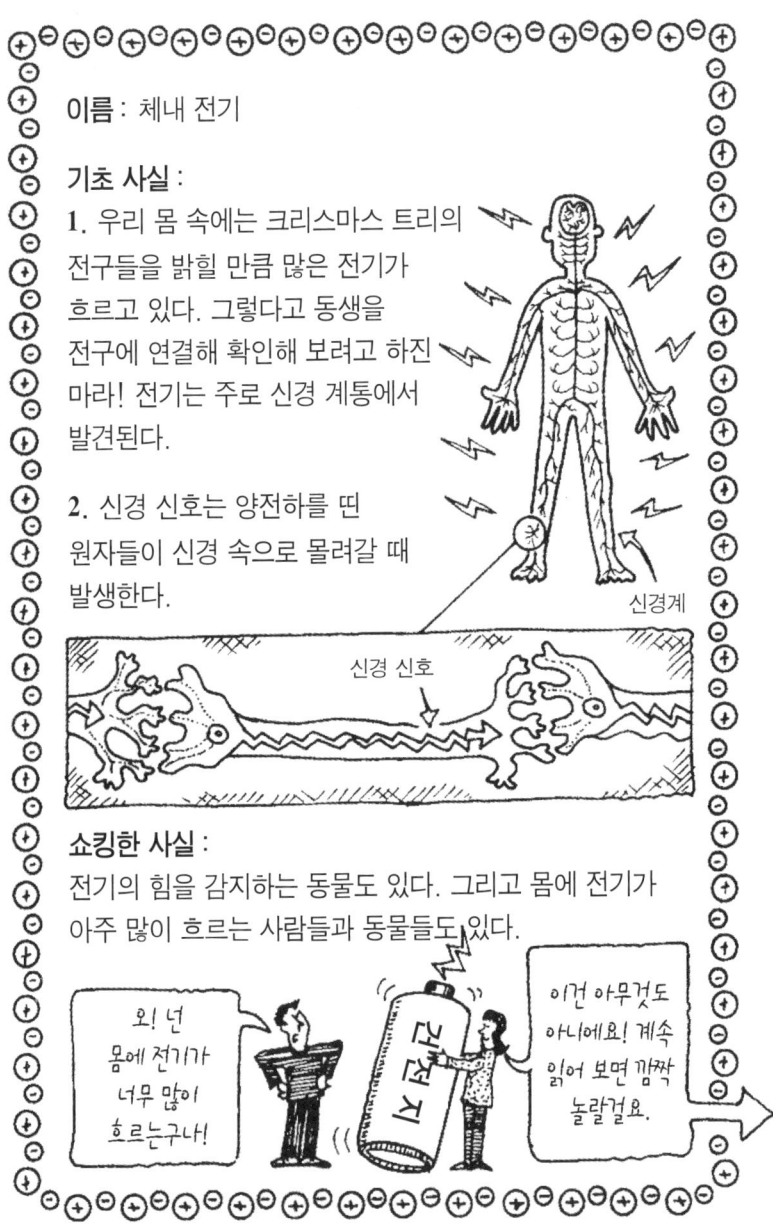

쇼킹한 사실 :

전기의 힘을 감지하는 동물도 있다. 그리고 몸에 전기가 아주 많이 흐르는 사람들과 동물들도 있다.

살아 있는 전기 경연 대회

부문 1: 누가 가장 전기에 예민한가?

일부 동물이 전기적 힘을 감지할 수 있다는 것은 사실이다! 나쁜 소식은 이 때문에 그러한 동물이 위험한 동물로 변할 수 있다는 것! 가장 무시무시한 경쟁자들을 여기에 소개한다.

3위: 귀상어

사는 곳: 따뜻한 대양

귀상어와 같은 상어들은 먹이의 신경에 흐르는 전기 신호를 감지할 수 있다. 귀상어는 괴상한 모양의 머리에 감각기가 달려 있는데, 그것을 이용해 전기 신호를 감지한다. 그런데 귀상어의 이 감각은 너무나도 예민해서 잠수함에서 나오는 전기파(다른 잠수함의 위치를 추적하는 데 사용됨)도 감지하여 잠수함을 공격한다! 물론 다치는 쪽은 귀상어이다.

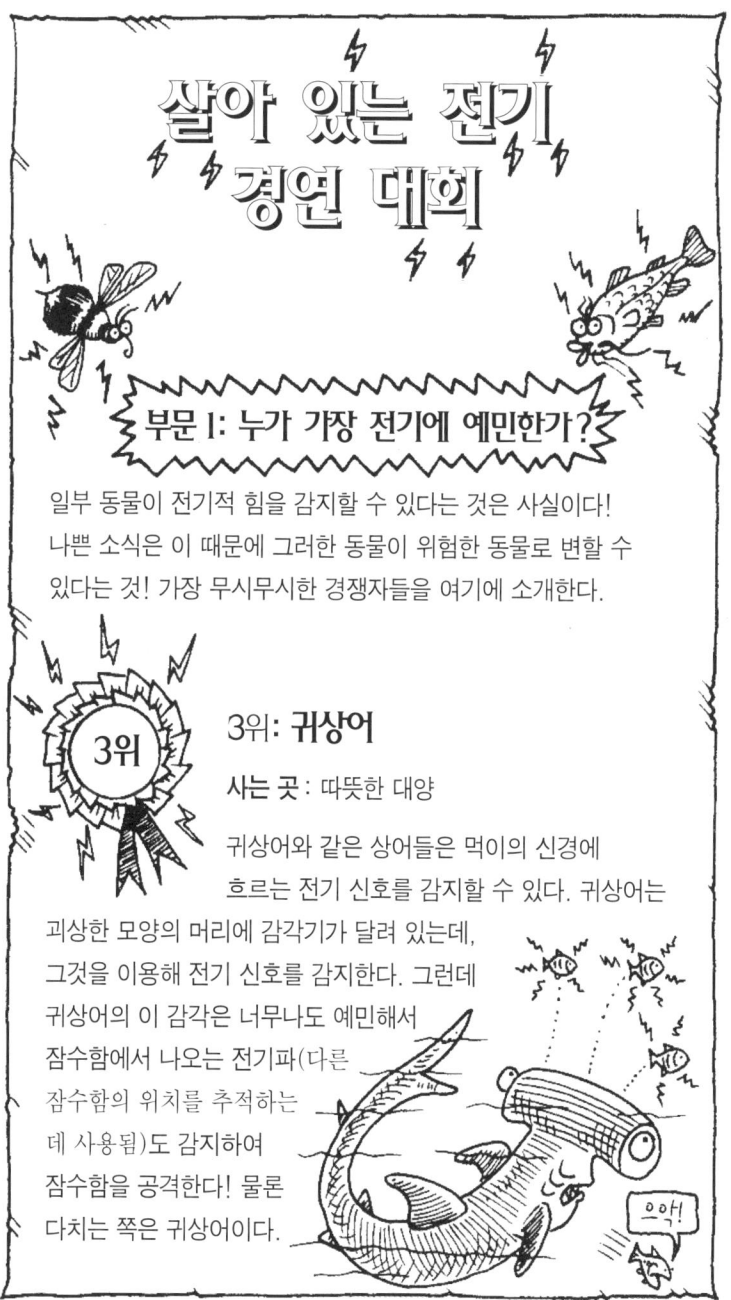

공동 2위: 꿀벌

사는 곳: 남극 대륙을 제외한 모든 대륙

꿀벌은 털투성이의 작은 몸 전체에 음전하를 띠고 있다. 이것은 꿀벌이 바쁘게 날아다니면서 공기 중의 원자들과 마찰을 일으키기 때문에 생겨난다. 이 음전하는 꿀벌이 꿀을 빨아먹는 꽃으로부터 양전하를 띤 꽃가루를 끌어당긴다. 그러나 꿀벌이 지닌 음전하는 잔디 깎는 기계나 가지 치는 기계에서 나는 전기적 힘에 의해 방해를 받는다. 그래서 화가 난 꿀벌은 정원사를 향해 돌격한다.

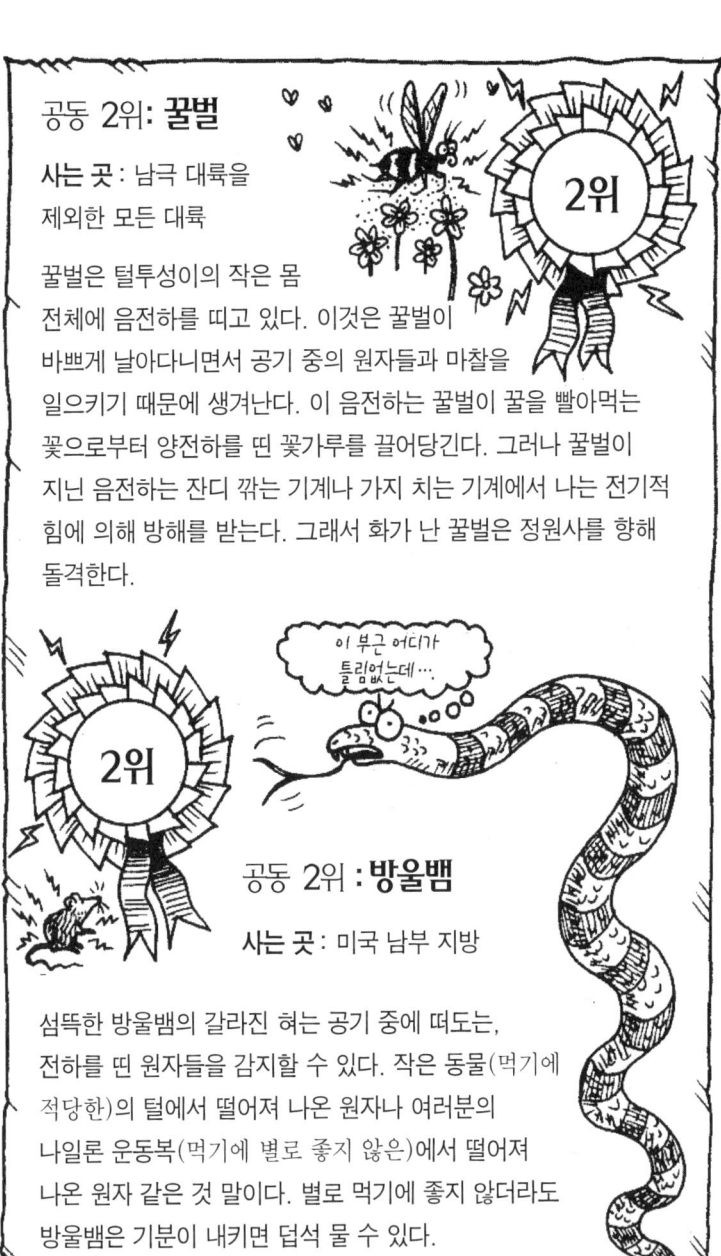

공동 2위: 방울뱀

사는 곳: 미국 남부 지방

섬뜩한 방울뱀의 갈라진 혀는 공기 중에 떠도는, 전하를 띤 원자들을 감지할 수 있다. 작은 동물(먹기에 적당한)의 털에서 떨어져 나온 원자나 여러분의 나일론 운동복(먹기에 별로 좋지 않은)에서 떨어져 나온 원자 같은 것 말이다. 별로 먹기에 좋지 않더라도 방울뱀은 기분이 내키면 덥석 물 수 있다. 그러면 여러분은 사경을 헤매게 되겠지.

1위: 침개미

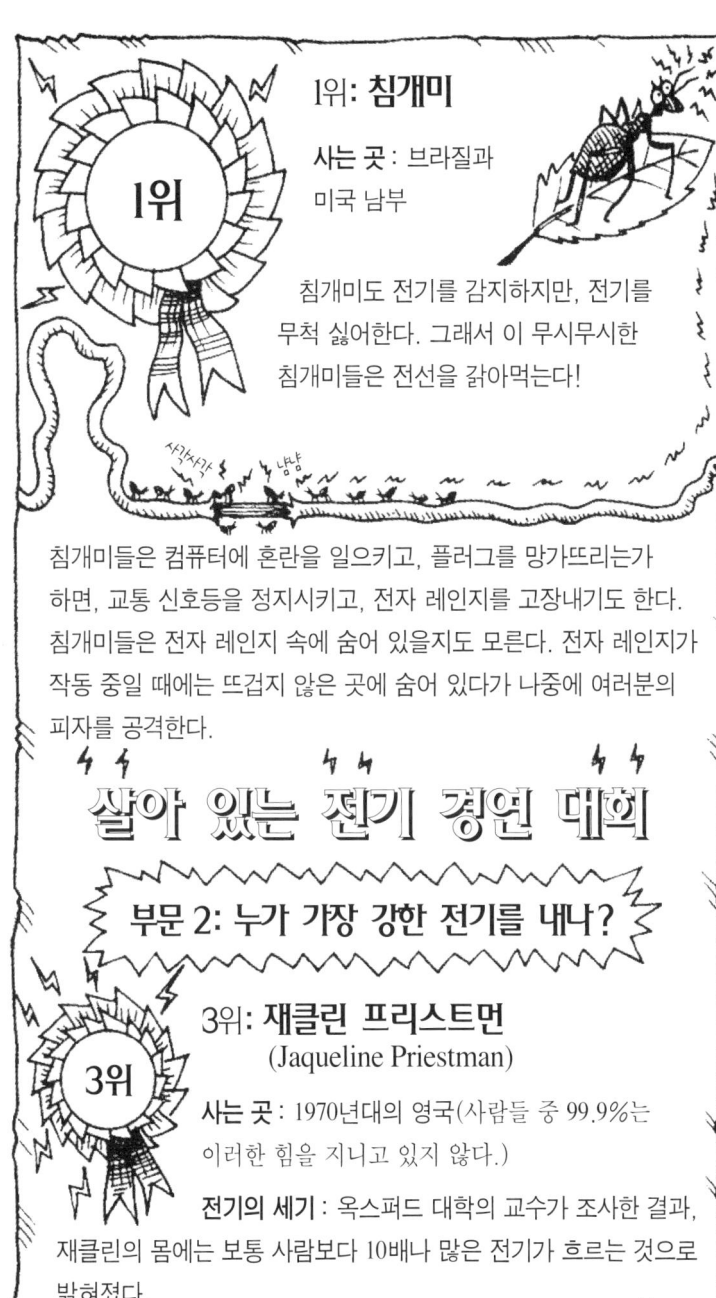

사는 곳 : 브라질과 미국 남부

침개미도 전기를 감지하지만, 전기를 무척 싫어한다. 그래서 이 무시무시한 침개미들은 전선을 갉아먹는다!

침개미들은 컴퓨터에 혼란을 일으키고, 플러그를 망가뜨리는가 하면, 교통 신호등을 정지시키고, 전자 레인지를 고장내기도 한다. 침개미들은 전자 레인지 속에 숨어 있을지도 모른다. 전자 레인지가 작동 중일 때에는 뜨겁지 않은 곳에 숨어 있다가 나중에 여러분의 피자를 공격한다.

살아 있는 전기 경연 대회

부문 2: 누가 가장 강한 전기를 내나?

3위: 재클린 프리스트먼 (Jaqueline Priestman)

사는 곳 : 1970년대의 영국(사람들 중 99.9%는 이러한 힘을 지니고 있지 않다.)

전기의 세기 : 옥스퍼드 대학의 교수가 조사한 결과, 재클린의 몸에는 보통 사람보다 10배나 많은 전기가 흐르는 것으로 밝혀졌다.

충격 강도: 텔레비전 채널을 만지지 않고도 바꿀 수 있고, 전기 소켓을 폭발시킬 수 있을 정도이다. 그녀는 채소를 먹다가 알 수 없는 어떤 이유로 더 이상 강한 전기를 내지 않게 되었다. 그래서 채소가 몸에 좋다니까!

2위: 전기메기

사는 곳: 아프리카의 강

전기의 세기: 피부 바로 아래에 있는 특별한 근육에서 350V의 전기를 만들 수 있다. 양전하 이온들을 몸의 한쪽 끝부분으로 이동시킴으로써 전기를 만들어 낸다. 전자들이 같은 방향으로 함께 움직일 때 전류가 만들어지는 것과 같은 원리이다.

충격 강도: 물고기를 죽일 수 있을 만큼 강력하다. 그러나 그 정도로는 이집트 인들에게 잡아먹히는 것을 막을 수 없었다. 여러분이라면 전기 충격의 위험을 무릅쓰고 전기메기를 먹으려고 할까?

1위: 전기뱀장어

사는 곳: 남아프리카의 강

전기의 세기: 뇌가 특별한 기관에 전류의 흐름을 촉발시키면, 전기뱀장어의 몸 앞쪽은 양전하를 띠고, 뒤쪽은 음전하를 띠게 된다. 또한, 전기뱀장어는 전기 신호를 발사하여 물체에 부딪혀 돌아오는 반사파를 감지함으로써 진흙투성이의 물 속을 잘 헤쳐 나간다.

충격 강도: 600V에 이르는 고압 전류를 만들어 낸다. 이것은 물고기를 죽이거나 선생님을 기절시키기에 충분하다.

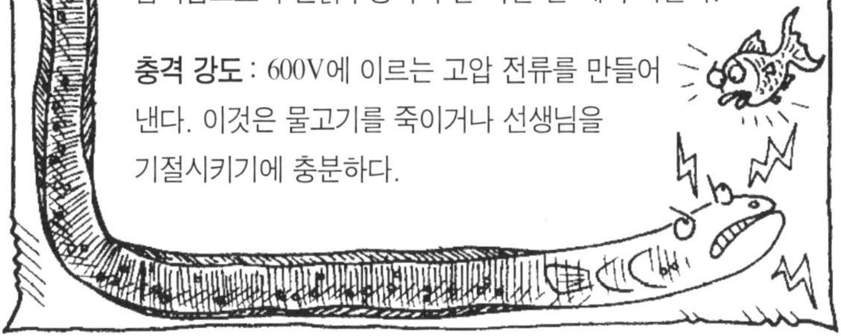

충격적인 응급 조처법

여러분의 선생님이 전기 충격을 받았다고 가정해 보자. 그러면 여러분은 어떻게 해야 할까? 다음을 잘 읽어 보고, 위급한 일이 닥쳤을 때 그대로 하도록.

전기 사고가 일어났을 경우의 응급 조처법

족제비 과학 선생님이 위험한 전기 실험을 하다가 강한 전기 충격을 받았다!

저런! 이럴 경우에 여러분은 어떻게 해야 할까? 뭔가 신속한 조처를 취하지 않으면 안 된다.

1. 전원 스위치를 내린다. 그 전에 선생님을 만졌다간 여러분 역시 감전될지 모른다.

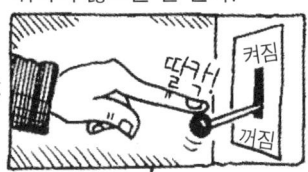

2. 그리고 나서도 선생님을 만져서는 안 된다. 여전히 감전될 위험이 있으니까. 고무나 나무와 같은 물체를 사용해 전선을 치워라.

3. 앰뷸런스를 부른다. 족제비 선생님은 안정과 정밀 검사가 필요하다. 이제 여러분은 수업을 일찍 끝내고 집으로 가도 된다. 또, 은혜를 아는 선생님이라면, 아마도 이번 학년이 끝날 때까지 여러분의 숙제를 면제시켜 줄지도 모르지. 물론 이 모든 것은 상상에 지나지 않지만….

★ 요건 몰랐을걸!

만약 희생자가 전기가 흐르는 물체를 붙잡고 있다면, 손의 근육이 수축되는 바람에 그것을 놓지 못한다. 한 팝 스타는 마이크를 들고 있다가 심한 전기 충격을 받았다. 그는 마이크를 놓지 못하고 바닥에 구르면서 소리를 고래고래 질렀다. 그런데도 관중들은 전혀 눈치채지 못하고 그것을 공연의 일부로 생각했다고….

심장을 작동시키는 전기

우리 몸에 흐르는 전기 중 가장 중요한 것은 심장 박동을 조절하는 신호(신경 신호와 비슷함)이다. 이 신호는 심장 윗부분에 있는 근육에서 만들어진다. 이 신호는 심장 근육을 규칙적으로 수축과 팽창을 반복하게 만든다.

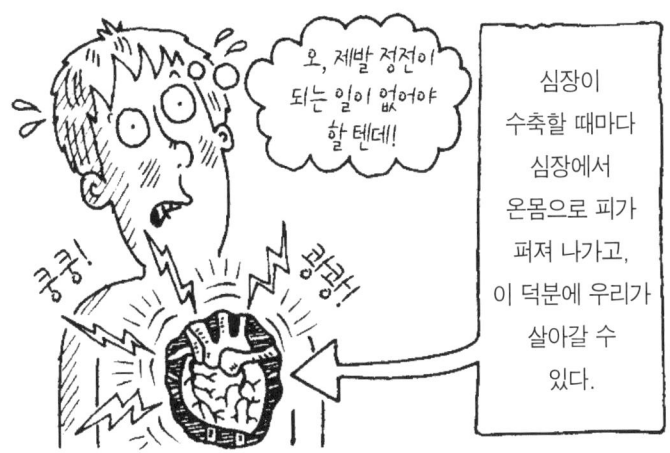

심장의 전기는 1903년에 네덜란드의 과학자 빌렘 에인트호벤(Willem Einthoven ; 1860~1927)이 발명한 심전도계라는 기계를 사용해 검사할 수 있다. 가슴에 금속 전극을 갖다 대면, 심장 박동을 조절하는 전기 펄스가 감지된다. 이 전기 펄스가 지나가는 전선은 자석의 양 극 사이에 놓여 있는데, 전기 펄스의 세기에 따라 전선이 아주 미소하게 휘어진다. 그러면 이 전선의 휘어짐이 심전도계의 화면에 그래프처럼 나타난다.

그런데 이 그래프가 끊어지기라도 하면, 정말로 큰일이 난다. 그런 일이 일어나는 상황을 심실세동(心室細動)이라 부른다. 심장은 다친 새처럼 퍼덕거리며 더 이상 혈액을 펌프질하지 못하게 된다. 혈액은 생명을 유지하는 데 필수적인 산소(폐를 통해서 공기 중에서 빨아들인)를 몸 구석구석으로 날라 주는 역할을 하는데, 산소가 공급되지 않으면 우리 몸은 몇 분 안에 죽고 만다. 그런데 정말 충격적인 사실은 바로 이 불행한 사태가 전기 충격 때문에 일어날 수 있다는 것!

★ 요건 몰랐을걸!

그렇지만 멈춘 심장을 다시 작동시킬 수 있다. 믿기 어렵겠지만, 심장을 다시 작동시키는 최선의 방법은 바로 전기 충격을 가하는 것!

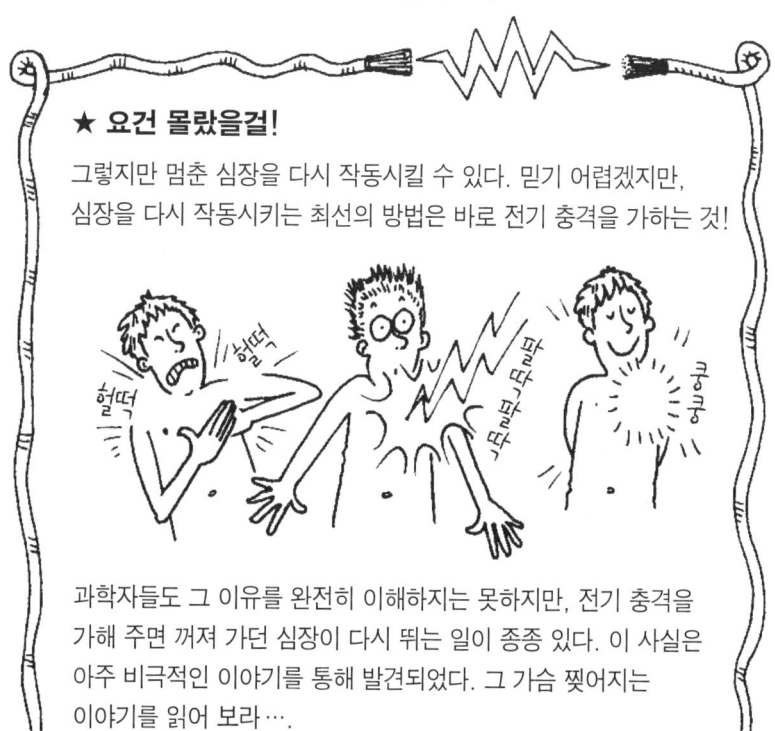

과학자들도 그 이유를 완전히 이해하지는 못하지만, 전기 충격을 가해 주면 꺼져 가던 심장이 다시 뛰는 일이 종종 있다. 이 사실은 아주 비극적인 이야기를 통해 발견되었다. 그 가슴 찢어지는 이야기를 읽어 보라….

심장을 직접 꺼내다

1947년 미국 애리조나 주.

"이것은 아주 흥미로운 사례야. 14세의 이 소년은 오랜 동안 가슴이 정상적으로 자라지 못했어. 그래서 정상적으로 숨을 쉴 수가 없다. 무슨 말인지 이해가 가나?"

외과 의사 클로드 벡(Claude Beck)은 마치 어선을 따라다니는 흰색 갈매기들처럼 아침 회진에 따라온 의과 대학생들을 흘끗 쳐다보면서 말했다.

짧은 회색 머리카락에 각진 얼굴과 턱을 가진 벡은 아주 엄격해 보였으며, 아무리 나쁜 소식이라도 상대방 눈을 똑바로 쳐다보면서 냉정하게 전해 주는 사람이었다. 지금도 그는 젊은 환자의 눈을 똑바로 들여다보면서 말했다.

"이 수술은 식은죽 먹기야. 다만, 과정이 좀 복잡할 뿐이지. 네가 정상적으로 숨을 쉴 수 있도록 하기 위해 갈비뼈들을 가슴뼈에서 떼어 내야 해."

그 말을 들은 미키는 얼굴이 창백하게 변하면서 검은 눈이 동그래졌다. "그런 다음에는요?" 미키는 불안한 목소리로 물었다.

"건강을 되찾게 되는 거지."

미키는 또 다른 질문을 하려고 했지만, 숨이 차서 말이 잘 나오지 않았고, 그 동안에 이미 의사와 학생들은 다른 곳으로 가 버렸다. 미키는 간호사에게 벡 의사가 어떤 사람인지 물어보았다.

간호사는 미소를 지으면서 말했다. "그분은 진짜 전문가란

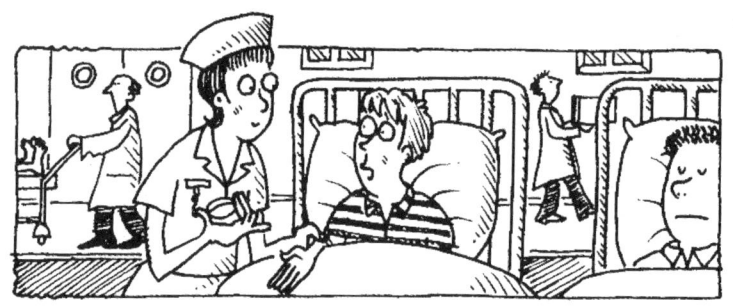

다, 미키. 그분은 전기 충격을 사용해 심장을 다시 뛰게 하는 기계까지 개발했는걸. 그 기계는 '세동 제거기'라고 부르지. 벡 의사는 그것을 개에게 시험하고 있단다. 그러니 걱정할 필요 없어. 넌 건강을 되찾게 될 거야."

수술은 순조롭게 진행되었고, 두 시간 뒤에 갈비뼈를 제거하는 데 성공했다. 이제 어려운 일은 끝났고, 외과 의사는 안도의 한숨을 내쉬면서 수술 부위를 봉합했다. 그 순간, 갑자기 미키의 심장이 박동을 멈추었다. 의식을 잃은 소년은 생명이 꺼져 가는 희미한 신음 소리를 냈다.

생각할 시간이라곤 없었다. 즉시 행동을 취해야 했다.

"심장 박동이 정지됐어!" 벡이 소리치면서 외과용 메스를 들고 상처를 꿰맨 부위를 다시 갈랐다. 이제 할 수 있는 방법

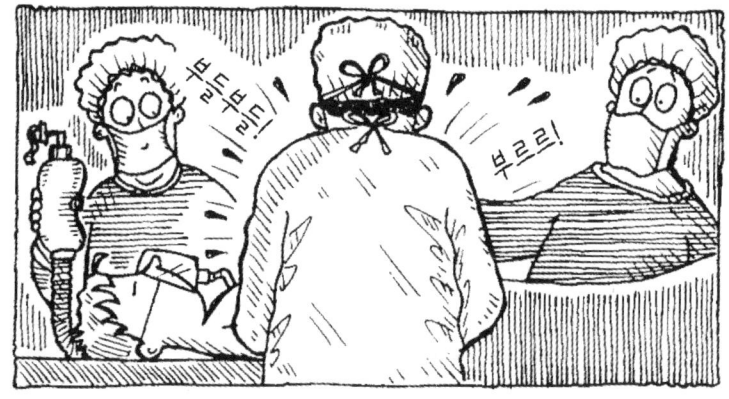

이라곤 단 한 가지밖에 없었다. 그는 뼈와 근육들을 헤치고 소년의 심장을 붙잡았다. 그것은 뜨거운 핏빛 젤리처럼 떨고 있었다.

"심실 세동!" 하고 그가 소리쳤다. 이미 그는 소년의 심장을 두 손으로 누르고 있었다. 심장이 스스로 피를 펌프질하길 기대하면서. 그리고 소년이 다시 살아나길 기대하면서. 벡은 근육 자극제를 주사하고 35분 동안 미친 듯이 심장을 마사지했다. 그러나 그는 알고 있었다. 그것은 다만 약간의 시간을 연장시킬 뿐이라는 것을. 희망은 오직 하나뿐이었다.

"세동 제거기를 가져와! 심장에 전기 충격을 가해야겠어." 하고 벡이 소리쳤다.

그러면서 얼굴이 창백하게 변한 마취 전문 의사를 흘끗 보았더니, 그녀는 머리를 가로저었다.

"그렇지만 그것은 사람에게 사용해 본 적이 없어요. 개에게만 사용해 봤을 뿐이에요."라고 그녀가 말했다.

"그렇지만 지금 당장 그걸 사용해야 해! 그렇지 않으면…."

조수들이 즉시 벡의 기계를 수술실로 가져와 전기를 연결시켰다.

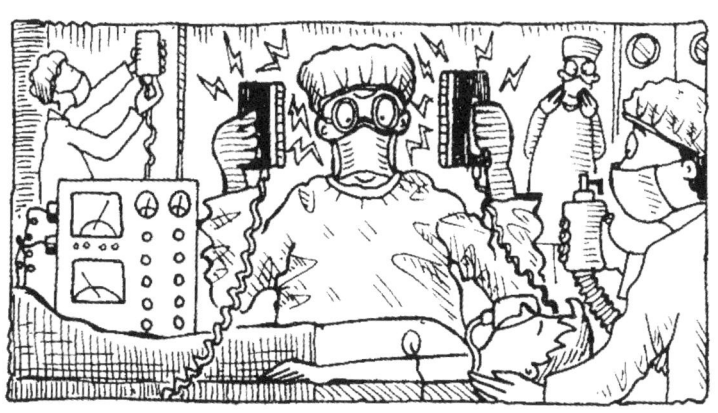

벡은 그 장치를 소년의 심장에 갖다 대고 1000V의 전기를 흘려 주었다. 벡의 두 손 아래에서 그 장치가 충격으로 펄쩍 뛰었지만, 소년의 심장은 여전히 멎어 있었다.

"오, 죽어 가고 있어요!" 간호사가 소리쳤다.

벡의 이마와 마스크는 땀으로 흥건히 젖었다. 그는 다시 한 번 미끈미끈한 심장을 두 손에 쥐고 미친 듯이 짰다. 고통 속에서 25분이 흘러갔다. 벡은 팔이 저려 왔으나 멈추지 않았다. 더 많은 약을 주사했으나, 심장은 여전히 뛰지 않았다. 차라리 소년을 그냥 편히 죽게 하는 것이 더 낫지 않을까 하는 생각마저 들었다. 그러나 알 수 없는 어떤 힘이 벡을 계속하게 했다.

"다시 한 번 더!" 벡은 단호하게 말했다. 그러면서 떨리는 손으로 세동 제거기를 다시 심장에 갖다 댔다. 이번에는 좀더 오랫동안 1500V의 전기를 통해 주었다.

한참 동안 침묵이 흘렀다.

"오, 심장이 다시 뛴다!" 벡이 쉰 목소리로 소리쳤다. 심장은 마치 아무 일도 없었던 듯이 혈액을 펌프질해 보내고 있었다. 간호사들과 마취 전문 의사 그리고 세동 제거기를 다루던 모든 요원들은 환호성을 올렸다.

그 날 늦게 미키는 침대에 누워 있었다.

"배고파 죽겠어요. 이 곳 음식은 끔찍해요."라고 미키는 불평을 늘어놓았다.

미소를 짓는 간호사의 눈은 안도와 기쁨으로 촉촉해져 있었다. "미키, 우린 정말 끔찍한 순간을 넘겼단다."

놀라운 의료 기기

1. 벡의 세동 제거기는 오늘날 병원의 필수 장비가 되었으며, 수만 명의 생명을 구했다. 1960년에는 미국 의사들이 앰뷸런스에서 사용할 수 있는, 전지로 작동되는 세동 제거기를 만들었다. 심지어 오늘날에는 몸 속에 집어넣을 수 있는 소형 세동 제거기도 나왔다. 이 소형 기계는 심장의 박동이 약해지면 심장에 미약한 전류를 가해 준다.

2. 심박 조율기(pacemaker : 전기 자극으로 심장 박동을 계속시키는 장치)는 세동 제거기와 비슷한 의료 장비이다. 심박 조율기는 내장형 세동 제거기처럼 전지로 작동하지만, 세동 제거기와는 달리 계속 규칙적인 자극을 가해 심장 박동을 계속하게 하는 장비이다. 1999년, 외과 의사들은 초소형 심박 조율기(50원짜리 동전만한 크기의)를 태어난 지 3주밖에 안 된 아기의 몸 속에 집어넣었다.

3. 1995년, 외과 의사들은 영국의 한 여성에게 전지로 작동되는 기기를 부착시켜 벌떡 일어서도록 도와 주었다. 그 여성은 자동차 사고로 신경이 손상되었는데, 그 기기는 손상된 신경에 전기 신호를 가해 근육을 움직이는 것을 도와 주었다.

위에 소개된 발명품들에는 공통점이 있다. 여러분은 그것을 눈치챘는가? 전혀 모르겠다고? 그렇다면 힌트를 하나 주겠다. 그것은 금속 물질이고, 화학 물질이 가득 들어 있고, 에너지를 낸다. 뭐라고? 아니다, 탄산 음료수는 아니다! 정답은 바로 전지이다. 전지가 없다면, 대부분의 기계는 그냥 고철덩어리에 불과하다. 다음 장에서는 전지에 대해 알아보기로 하자. 자, 소파 위에 자리를 편안히 잡고 계속 읽어 보라. 다음 장에 나오는 전지는 여러분을 충전시켜 줄 테니까, 하하!

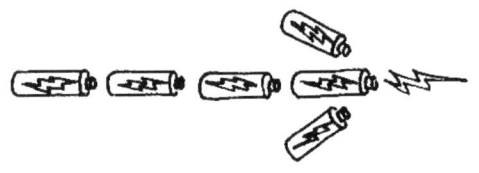

강력한 전지

해골섬의 아이들을 기억하겠지? 그 아이들은 전지를 몇 개 가지고 올걸 하고 후회했을 것이다. 전지는 전기를 저장할 수 있는 훌륭한 방법이다. 전지는 어디든지 갖고 다닐 수 있고, 손전등이나 라디오를 켜고, 장난감 차를 작동시키고, 인형들을 걷거나 말하게 만든다. 전지의 원리는 어떤 것일까?

선생님을 곯려 주는 질문

전지 하나와 미소만 있으면 된다. 교무실 문을 똑똑 두드리고, 선생님이 나오시거든 전지를 들이밀면서 이렇게 물어라.

선생님은 필시 이렇게 말하겠지. "배터리 아니냐, 이 멍청한 녀석!" 그러면 측은하다는 표정으로 이렇게 말해 주어라.

그렇다! 정확한 이름은 건전지이다. 그 속에 든 화학 물질이 1차 전지처럼 액체 상태로 들어 있는 것이 아니라, 반죽 상태로 들어 있기 때문에 그렇게 부른다. '배터리(battery)'는 여러 개의 전지를 결합해 놓은 것을 가리키며, 정확한 우리말로는 축전지라고 한다. 어쨌든, 일반적으로 전지라고 할 때에는 건전지를 가리킨다.

진상 조사 X-파일: 건전지

이름: 건전지

기초 사실: 건전지는 두 가지 화학 물질의 형태로 전기를 저장한다. 두 화학 물질이 섞이면서 화학 반응이 일어나 전류가 발생한다(더 자세한 내용은 111쪽 참고).

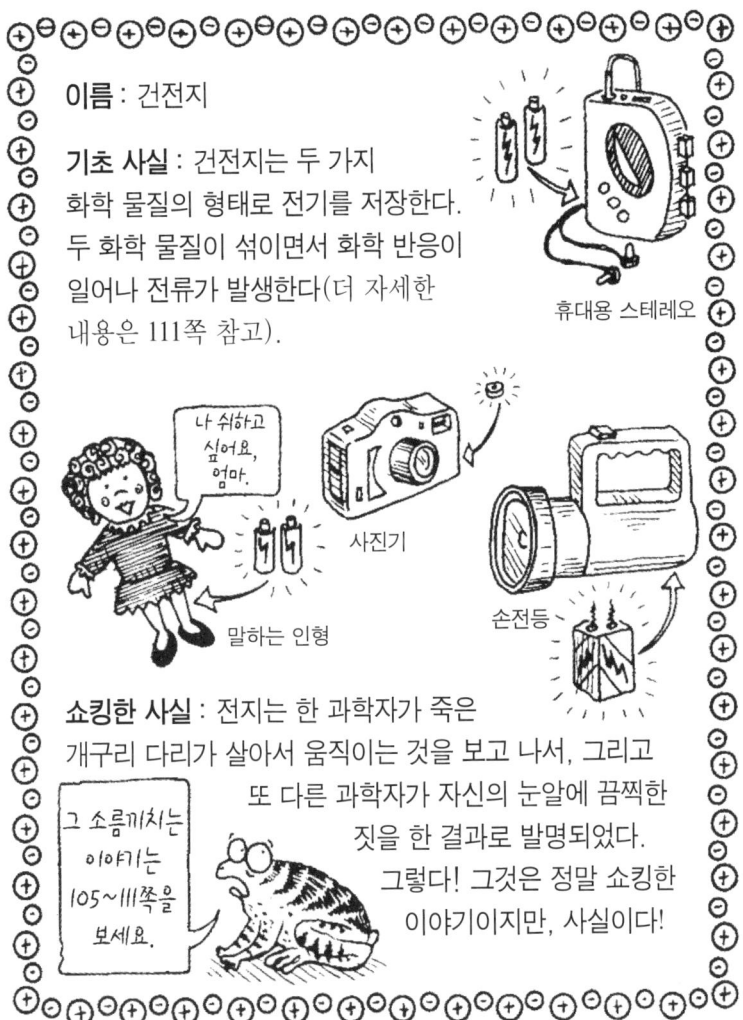

휴대용 스테레오

사진기

말하는 인형

손전등

쇼킹한 사실: 전지는 한 과학자가 죽은 개구리 다리가 살아서 움직이는 것을 보고 나서, 그리고 또 다른 과학자가 자신의 눈알에 끔찍한 짓을 한 결과로 발명되었다. 그렇다! 그것은 정말 쇼킹한 이야기이지만, 사실이다!

그 소름끼치는 이야기는 105~111쪽을 보세요.

명예의 전당 : 루이지 갈바니(Luigi Galvani ; 1737~1798), 알레산드로 볼타(Alessandro Volta ; 1745~1827)

국적 : 이탈리아

이것은 절친한 친구 사이였다가 철천지원수로 끝난 두 과학자에 관한 이야기이다. 그런데 그 과정에서 두 사람은 전기과학에 큰 업적을 남겼다.

볼타의 이야기

총명한 볼타는 신부들 밑에서 교육을 받았다. 선생님들은 볼타의 총명함에 반해서 사탕으로 꼬드기며 신부로 만들려고 했다.

그러나 볼타의 부모는 아들이 신부가 되는 것을 원치 않아 볼타에게 학교를 그만두게 했다(신부님들은 크게 낙담했겠군! 사탕값이 생각나서…). 그렇지만 볼타는 과학에 관심을 가져 나중에 교사가 되었다가 결국 파비아 대학의 교수가 되었다.

볼타는 정전기로 일으킨 전기 스파크를 이용해 발사되는 권총을 발명하면서 전기에 흥미를 느끼게 되었다. 전기 스파크는 권총 속에 들어 있던 메탄 기체에 불을 붙였다. 메탄은 방귀와 썩어 가는 쓰레기에서 나오는 기체라고 했지? 그러니 다른 사람에게 양해를 얻기 전에는 폭발성 방귀를 함부로 발사해서는 안 된다.

갈바니의 이야기

갈바니는 어려서부터 의사가 되기 위한 수업을 받았으며, 훗날 의사로 일하면서 볼로냐 대학에서 강의를 했다. 그는 뼈를 연구하다가 나중에는 신장을 연구했는데, 별 주목할 만한 발견을 하지는 못했다.

그러나 1780년대에 그는 신경에 관심을 가지기 시작했으

며, 놀라운 발견을 이루었다. 다음에 갈바니와 볼타가 주고받은 편지를 소개한다(위조된 것일 수도 있으니 주의할 것).

1780년 볼로냐 대학에서

안녕, 볼타.

　내가 무엇을 발견했는지 꿈도 못 꿀 거야! 개구리 다리를 자르다가 신기한 것을 발견했어. 왜 개구리 다리를 잘랐느냐고? 난 신경을 연구하고 있잖아. 불꽃이 일더니, 개구리 다리가 씰룩거리는 게 아니겠어!

　개구리를 다시 한 번 자세히 살펴보았지만, 개구리는 분명히 죽어 있었어. 더욱 이상한 것은, 개구리 다리를 금속으로 건드릴 때에만 씰룩거린다는 거야! 유리나 뼈 따위로 건드려서는 끔짝도 하지 않았어. 그래서 나는 다른 실험을 해 보기로 했지. 개구리 다리들을 놋쇠 갈고리로 쇠창살에 고정시켜 보았던 거야. 그랬더니

개구리 다리들이 마치 무희들이 일제히 다리를 펄쩍 들어올리는 것처럼 모두 씰룩거리는 게 아니겠어! 옆집 고양이가 그것을 보고 기겁을 했지.

　내 생각에는 개구리 근육에 전기가 들어 있어서 금속을 통해 전류가 흐르는 것 같아. 나는 그 전기가 생명 자체의 불꽃이라고 생각해.

이미 일부 동료 과학자들은 시체에 전기 충격을 가해
다시 살아나게 하는 실험을 하고 있어. 그것은 성공하지
못할 것이라고 생각하지만, 그래도 나는 흥분에 들떠
있어.

친구 갈바니로부터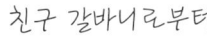

고리타분한 과학자의 딴소리

갈바니의 '동물 전기' 이론은 틀린 것이었지만, 갈바니의 실험은 세상에
큰 충격을 주었다. 그래서 그의 이름은 영어 단어에까지 남아 있다.
'galvanize' 라는 단어는 '전기를 흐르게 하다' 라는 뜻도 있지만,
일반적으로는 '기운을 북돋우다' 라는 뜻으로 더 많이 사용된다.

안녕, 갈바니.
　그것은 정말 흥미로운 발견이야. 그렇지만 동물의
몸에 전기가 있다는 생각에는 찬성할 수 없어. 나는
살아 있는 개구리에게 전기 충격을 가해
보았는데, 개구리는 부들부들 떨기
했지만 점프는 하지 않았거든.
"왜 그럴까?" 하고 나는 스스로
반문해 보았어. 그리고 정말로
전기가 우리의 감각을 움직이게
만드는지 조사해 보기로 결심했지. 그래서 내 혀와
눈알과 귀에 전기 충격을 가해 보았어. 그러면 있지도

않은 것들의 맛이 느껴지거나 어떤 것이 보이거나 소리가 들리는지 알아보려고 말이야. 물론 아무것도 느낄 수 없었고, 심한 고통만 느꼈지.

그러다가 갑자기 나는 충격적인 사실을 깨달았어. 전류는 자네가 사용한 금속 조각들에서 만들어졌고, 그 전류가 단지 개구리 다리를 지나가면서 씰룩거리게 만들었다는 생각이 든 거지. 그 후, 나는 실제로 아래와 같은 장치를 사용해 두 금속 사이에 전기가 흐르도록 만들어 보았어.

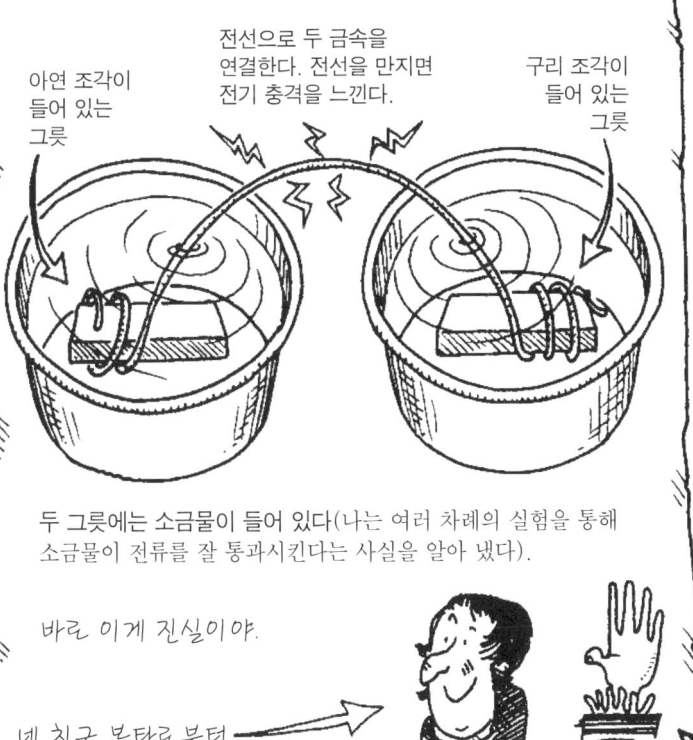

아연 조각이 들어 있는 그릇

전선으로 두 금속을 연결한다. 전선을 만지면 전기 충격을 느낀다.

구리 조각이 들어 있는 그릇

두 그릇에는 소금물이 들어 있다(나는 여러 차례의 실험을 통해 소금물이 전류를 잘 통과시킨다는 사실을 알아 냈다).

바로 이게 진실이야.

네 친구 볼타로부터 →

고리타분한 과학자의 딴소리

1. 볼타의 생각이 옳다. 다른 동물이나 사람의 몸처럼 개구리 다리도 소금물과 비슷한 성분으로 이루어져 있고, 그것을 통해 전기가 흐를 수 있다. 그렇지만 갈바니의 생각이 완전히 틀린 것은 아니다. 신경들도 일종의 전기 신호를 보내니까(무슨 소리인지 잘 이해가 안 가는 사람은 86쪽을 보도록).
2. 자신의 실험에 대한 볼타의 생각도 옳다. 전자들이 아연에서 구리 쪽으로 흐르는데, 이것이 전류로 나타나는 것이다. 그러나 갈바니는 볼타의 생각에 동의하지 않았다.

1795년 볼로냐 대학에서

친애하는 볼타 교수에게

자네가 어떻게 내 생각에 그렇게 반대할 수 있단 말인가? 그리고 그 불쌍한 개구리들을 그렇게 심하게 고문하다니! 나는 최소한 개구리들이 죽을 때까지 기다렸다가 실험을 했건만! 동물들이 전기를 만든다는

맞아요!

내 생각은 절대로 옳다고 확신하네. 전기메기를 보게나. 분명히 전기를 만들어 내지 않는가? 전기메기가 자네를 꽉 물었으면 시원하겠네.

너의 원수
갈바니로부터

1799년 피사 대학에서

 자네

안녕, 개구리처럼 생긴 친구
　자네 생각은 틀리고 또 틀렸어! 절대로 틀렸어! 난 그것을 증명할 수 있네! 나는 감각에 대한 실험을 해 보았어. 내 혀 위에 금속 동전을 올려놓고, 혀 밑에는 다른 금속으로 만들어진 동전을 넣어 보았지. 그랬더니 혀가 얼얼하고, 역겨운 맛이 났어. 나는 스릴을 느꼈다네.
나는 금속들이 전기를 만들어 낸다는 사실을 깨닫고, 전기를 만들 수 있는 기계를 만들기로 결심했어. 그래서 자네가 틀렸다는 것을 의심의 여지 없이 증명할 거야! 나는 그것을 '볼타 전지'라 부를 거야.
좋은 이름이지?
　아연과 구리를 번갈아 쌓아올린 원판들의 아래쪽과 위쪽을 전선으로 연결하면, 전기 불꽃이 생기지. 원판을 많이 쌓을수록 더 강한 전기가 얻어진다네. 자네는 개구리 뒷다리나 붙잡고 팔짝팔짝 뛰기나 하게.

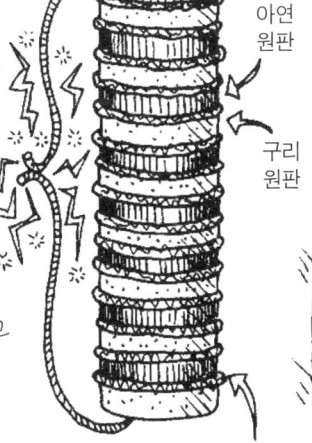

볼타 전지
아연 원판
구리 원판
소금물에 적신 마분지(내 혀의 역할을 대신함)

볼타로부터

고리타분한 과학자의 또 말참견

이번에도 볼타의 생각이 옳았다! 소금물에서 일어나는 일련의 화학 반응들은 아연에 음전하를 띠게 하고, 구리에 양전하를 띠게 만든다. 전자들은 물을 통해 아연으로부터 구리로 흘러간다. 이것은 세계 최초의 전지였다.

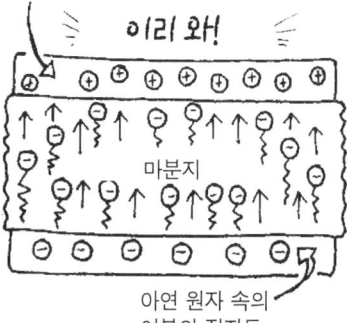

양전하를 띤 구리 원자들이 전자들을 구리 쪽으로 끌어당긴다. 이 전자들의 움직임이 전류를 만들어 낸다.

양전하를 띤 구리 원자들
이리 와!
마분지
아연 원자 속의 여분의 전자들

그 다음에는 어떻게 되었을까?

갈바니는 자기 생각을 포기하지 않았고, 자기 생각에 반대하고 나선 볼타를 결코 용서하지 않았다. 그는 프랑스 황제 나폴레옹이 이탈리아를 점령했을 때 프랑스를 지지하지 않았다는 이유로 교수직을 잃었고, 좌절 속에서 세상을 떠났다. 볼타는 프랑스 황제에게 잘 보여 백작의 작위를 받았으며, 볼타 전지를 발명해 유명해졌다. 오늘날 전기 에너지를 측정하는 단위로 사용되는 볼트(volt, V)는 그의 이름에서 딴 것이다.

★ 요건 몰랐을걸!

볼타 전지가 지닌 한 가지 문제점은 소금물에 적신 마분지가 시간이 지나면 말라 버린다는 것이었다. 오늘날 사용되는 건전지는 1865년에 프랑스의 발명가 조르주 르클랑셰(Georges Leclanché ; 1839~1882)가 발명했다. 건전지는 화학 물질들의 혼합물을 사용해 화학 반응을 일으키고, 그 반응에서 발생한 전자들이 안쪽의 아연 용기에서 탄소 막대로 흘러간다.

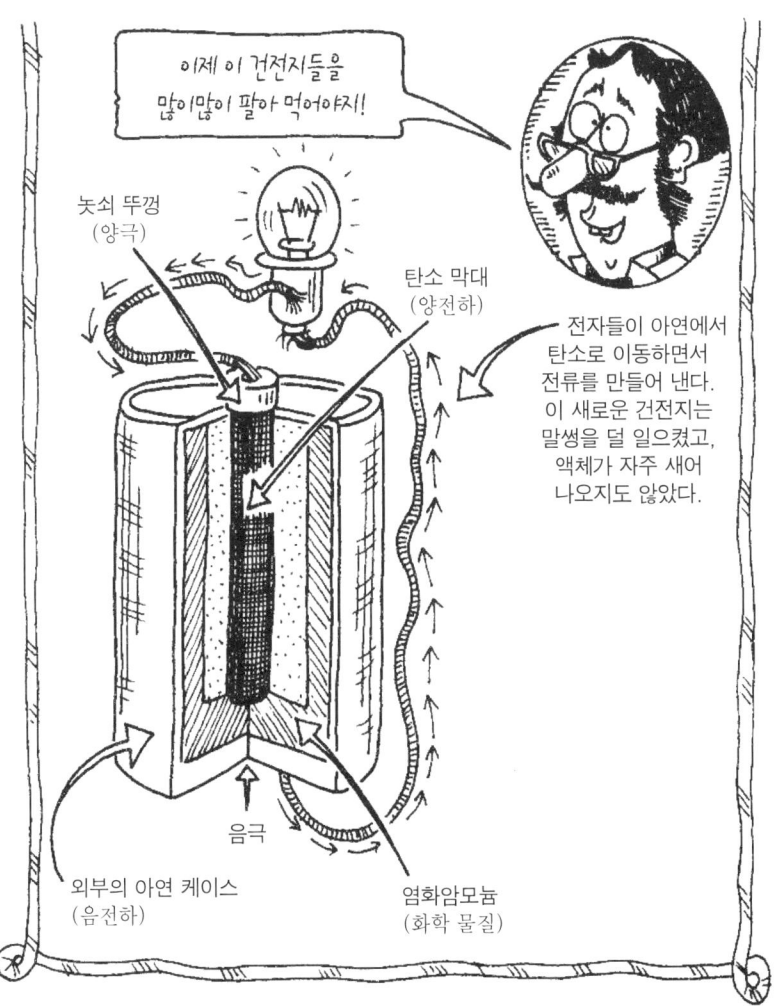

나도 과학자가 될 수 있을까?

손전등 속에 건전지들을 넣을 때, 어떤 방향으로 넣어야 할까? 손전등을 열어서 직접 실험을 해 봐도 좋고, 전자들이 어느 방향으로 흐르는지 생각해 봐도 좋다.

a) 양전하 끝부분을 양전하 끝부분에.
b) 음전하 끝부분을 음전하 끝부분에.
c) 음전하 끝부분을 양전하 끝부분에.

답 : c) 음전하를 띤 전자들은 양전하를 띤 원자 쪽으로 이동한다는 사실을 기억하고 있겠지? 따라서, 전기가 흐르고, 손전등이 제대로 작동하려면, 음극과 양극의 끝부분을 서로 닿게 해야 한다.

선생님의 끔찍한 농담

 무시무시한 건강 경고!

전지 속에 들어 있는 화학 물질은 해롭다. 밖으로 새어 나오면 그것은 여러분의 살도 녹일 수 있다! 오래 된 전지는 갖다 버리든지(불 속에 넣으면 안 된다) 새로 충전해 쓰도록 하라. 바지를 태워먹고 싶지 않다면, 한쪽 끝을 열어 보고 싶은 호기심은 버리도록!

편리한 전지

전지가 편리한 점은 어디서든지 사용할 수 있다는 것이다. 해변이나 차 속, 심지어는 화장실에서도 사용할 수 있다. 전자를 만들어 내는 화학 물질의 종류에 따라 전지의 종류는 아주 다양하다.

★ 요건 몰랐을걸!

영국 옥스퍼드 대학의 어느 실험실에는 아연과 황산을 사용해 만든 전지로 작동되는 전기 벨이 있다. 그 전지는 1840년에 실험용으로 설치되었는데, 그 후 한 번도 교체되지 않았다. 그 때부터 벨 소리는 단 한 차례도 멎지 않고 계속 울리고 있다고 한다.

전지로 움직이는 기계 중 가장 흥미로운 것은 자동차이다. 물론 장난감 자동차가 아니라, 진짜 자동차를 말하는 것이다. 오늘날 과학자들은 재충전을 하지 않고도 201 km까지 달릴 수 있는 자동차를 개발했다. 그 자동차는 시속 129 km까지 속도를 낼 수도 있다. 1985년에는 전지로 달리는 자동차가 요란한 선전과 함께 시장에 나왔다. 여러분이라면 이 자동차를 사고 싶은 마음이 들까?

이 싱클레어 C5는 운전 면허증도 필요 없습니다! 발명가 클라이브 싱클레어 (Clive Sinclair)가 발명한 이 세 바퀴 오토바이는 전지로 움직이며, 재충전하지 않고도 32 km까지 달릴 수 있습니다.

▶ 만약 전지가 떨어지거든 페달을 밟아 집으로 돌아갈 수 있습니다.
▶ 높이가 79 cm밖에 되지 않아 땅에 착 달라붙는 안정감을 느낄 수 있고, 대형 트럭들이 여러분을 발견하지 못하고 아슬아슬하게 지나가는 스릴을 맛볼 수 있습니다.

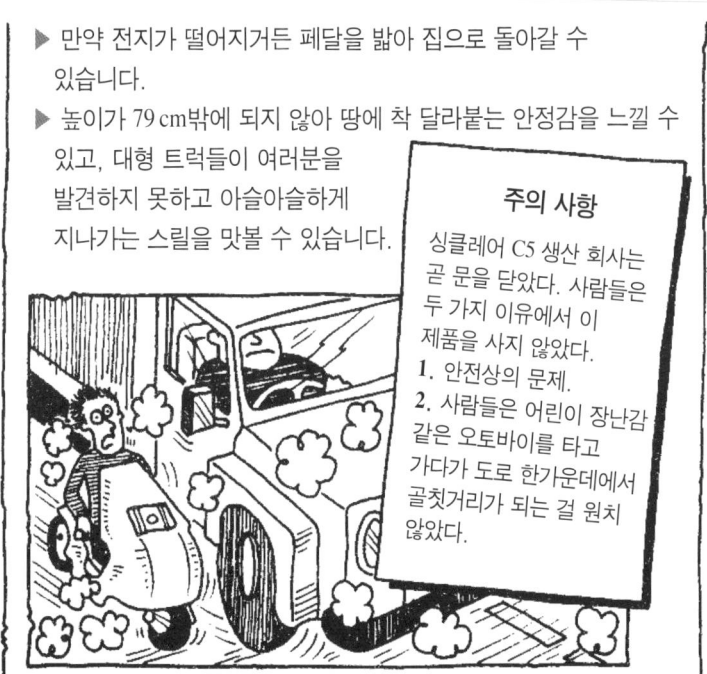

주의 사항

싱클레어 C5 생산 회사는 곧 문을 닫았다. 사람들은 두 가지 이유에서 이 제품을 사지 않았다.
1. 안전상의 문제.
2. 사람들은 어린이 장난감 같은 오토바이를 타고 가다가 도로 한가운데에서 골칫거리가 되는 걸 원치 않았다.

자, 이제 알았지? 전지가 물체들(싱클레어 C5를 포함해)을 움직이는 전기적 힘을 만들어 내기에 아주 유용한 발명품이라는 걸! 그러나 싱클레어 C5의 전동기와 그 밖의 전동기에는 또 다른 종류의 힘이 작용하고 있다.

그 힘 역시 우리의 오랜 친구, 전자들이 만들어 내는 것이다.

여러분은 다음 장을 읽고 싶다는 어떤 끌어당기는 힘이 느껴지지 않는가? 그것은 신비로운 힘이다. 마치 자석처럼!

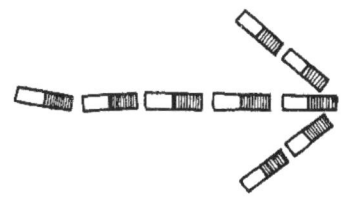

신비스러운 자기

여러분은 혹시 이 책을 내려놓기가 무척 힘들다는 느낌을 받지 않았는지? 그것은 바로 이 페이지에서 강한 자기력이 나와 여러분을 끌어당기기 때문일지도 모른다! 이 장에서 여러분은 자기란 무엇이고, 어떻게 생겨나는지 배우게 될 것이다. 먼저 몇 가지 기초적인 사실부터 알아보고 들어가기로 하자.

진상 조사 X-파일: 자기

이름 : 자기

기초 사실 :
1. 자기는 자석에서 발생한다.
2. 우리가 자기라고 부르는 것은 실제로는 전자들이 만들어 내는 전기와 같은 힘이다. 그래서 이 두 가지를 합쳐 전자기라 부른다.

3. 따라서, 전자를 가진 모든 원자는 약간씩은 자기를 띠고 있다.

쇼킹한 사실 :

질문 : 만약 원자들이 자기를 띠고 있고, 원자들이 어디에나 존재한다면, 왜 모든 물체는 자기를 띠지 않는가? 그러니까 여러분은 왜 아침에 일어날 때, 몸이 침대에 들러붙지 않을까?(들러붙는다고? 그건 여러분의 기분일 뿐이다.)

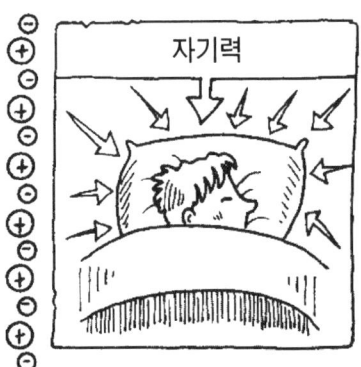

답 : 앞에서 자기를 띠긴 하지만, 분명히 '약간' 이라고 말했지? 자기를 약간 띤 수백억 개 이상의 원자들이 같은 방향으로 늘어서야만 우리는 비로소 자기력을 느낄 수 있다.

자기 : 그 은밀한 이야기

그렇다면 그 많은 원자들을 어떻게 같은 방향으로 줄세울 수 있을까? 그러니까 아주 작은 핀셋을 가지고 원자 하나하나를 만질 수 있다 하더라도, 어느 세월에 그 일을 다 할 수 있겠는가?

물론이다! 자석 속에서는 원자들이 자연적으로 그렇게 일정한 방향으로 줄을 서 있다.

1. 자석 내부에는 원자들이 열을 지어 늘어서 자구(磁區)라고 부르는 작은 상자(폭 0.1mm 정도의) 모양을 이루고 있다. 이 상자들 속의 전자들의 힘이 합해져 자기력으로 나타난다.

2. 자석에는 N극과 S극의 두 극이 있다.

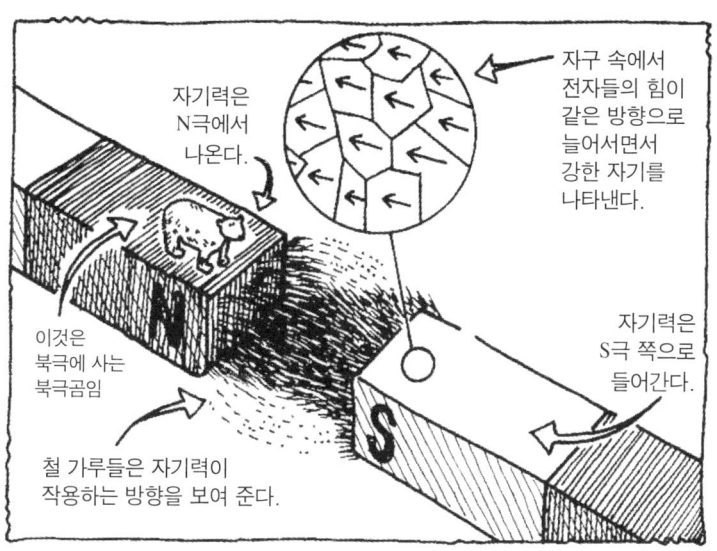

직접 해 보는 실험: 자기 부상 비행기를 만들어 보자

준비물: 길이 2×1 cm 정도의 화장지, 접착 테이프와 가위, 핀, 자석(강할수록 좋다. 혹은, 작은 자석 여러 개를 같은 방향으로 놓아도 된다.), 길이 30 cm 정도의 실

실험 방법:
1. 핀을 종이에 끼워 넣어 작은 비행기처럼 보이게 한다(종이가 비행기 날개이다).

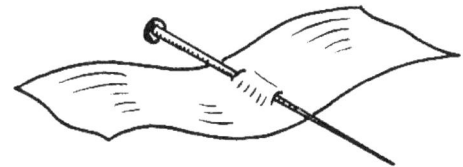

2. 실을 핀 대가리에 묶는다.
3. 접착 테이프를 사용해 실 끝을 탁자 옆쪽에 붙인다.

4. 자석을 비행기 가까이로 가져가 손을 대지 않고 비행기를 날게 해 보라.

어떤 사실을 알 수 있는가?
a) 자석을 치워도 비행기는 계속 난다.
b) 자석을 비행기에 가까이 가져갈수록 비행기는 더 잘 난다.
c) 자석은 어느 한 방향에서만 작용한다.

답: b) 자석을 멀리 가져갔다가 점점 가까이 하면 비행기는 더 요동한다. 자석이 미치는 자력 범위에 들어 갔기 때문이다.

직접 해 보는 실험: 물 속에서도 자석의 힘이 미칠까?

(이 실험을 하기 위해 잠수복이 필요한 것은 아니다.)

준비물:
- 물이 든 유리 컵
- 자석
- 클립 하나

실험 방법:
1. 클립을 유리 컵 속에 빠뜨린다.
2. 자석을 유리 컵 바깥쪽에 가까이 가져간다.
3. 자석을 사용해 클립을 유리 컵 꼭대기까지 끌어올려 본다.

물론 손으로 클립을 만져서도 안 되고, 자석을 물 속에 집어넣어서도 안 된다.

어떤 사실을 알 수 있는가?
a) 아주 쉽게 할 수 있다.
b) 클립은 전혀 움직이지 않는다.
c) 자석을 물 위에 둘 때에만 클립이 움직인다. 이것은 자기력이 물을 통과해 미치지만, 유리는 통과하지 못한다는 것을 증명해 준다.

답 : a) 이것은 자기력이 유리를 통과해 물속을 자유롭게 통과하는 것을 말해준다.

직접 해 보는 실험: 자기 테이프는 어떻게 작용할까?

녹음기도 자기의 원리를 이용한다는 사실을 알고 있는지? 사실이다! 아래의 재미있는 실험을 통해 그 원리를 알아보자.

준비물 :
- 카세트테이프
- 카세트 녹음기와 마이크
- 자석

실험 방법:

1. 마이크에 대고 말을 한다. 무슨 말을 해도 상관 없다. 동물 소리를 내 보는 건 어떨지?
2. 오, 그만, 그만! 그 지긋지긋한 동물 소리는 제발 그만!

이제 테이프를 되감는다. 여러분의 목소리를 녹음한 중간 부분에서 멈춘다.

3. 이번에는 자석을 테이프 위로 네 차례 지나가게 한다.

4. 테이프를 완전히 되감은 다음, 틀어 본다.

무엇을 알 수 있는가?
a) 중간 부분의 내 목소리가 지워졌다. 아름다운 내 목소리 녹음이 엉망이 되고 말았다.
b) 테이프에서 나오는 소리기 너무나도 커져서 이웃 사람들이 항의를 하러 몰려왔다.
c) 내 목소리가 외계인의 목소리처럼 들린다.

> 답 : a) 머리털은 아랫니에 있는 털보다 가늘지만 훨씬 더 길다. 손가락과 발가락의 손톱과 발톱은 자라는 속도가 다르다. 이빨이 새로 생겨나기 시작할 때 아기의 머리털도 빠지기 시작한다. 눈썹을 밀어 내면 다시 자라지 않는 경우가 많다. 머리털은 배에 있는 털보다 빨리 자란다.

무시무시한 건강 경고!

부모님이 아끼는 클래식 테이프를 이 실험에 사용할 생각은 꿈도 꾸지 말 것! 저런, 벌써 사용했다고? 할 수 없지 뭐. 한동안 용돈 없이 살아갈 궁리나 하라.

자석에 관한 깜짝 퀴즈

1. 캐나다의 동전 중 어떤 것은 자기를 띠고 있다. 참/거짓
2. 자기는 골수(개들이 좋아하는 뼛속의 빨간 부분)의 병든 부분을 빨아 내는 데 사용된다. 참/거짓
3. 초강력 자석은 여러분의 머리에서 눈알을 뽑아 낼 수 있다. 참/거짓
4. 자기는 컴퓨터에서 정보를 저장하는 데 사용된다. 참/거짓
5. 시베리아에서는 철 가루를 호수에 던져 넣어 물고기를 잡는다. 물고기에게 철 가루를 먹인 다음, 자석으로 끌어올리는 것이다. 참/거짓
6. 여러분의 학교에 있는 벨이나 화재 경보기 속에는 자석이 들어 있다. 참/거짓
7. 자기는 기차를 달리게 할 수 있다. 참/거짓

답 :
1. 참. 캐나다의 5센트짜리 동전은 니켈이라는 금속으로 만드는데, 니켈은 원래 자성을 띠고 있다.
2. 참. 1980년대 중반에 영국 과학자들은 자성 물질로 코팅된 화학 물질을 이용해 병이 든 골수덩어리를 치료하는 방법을 발견했다. 그 화학 물질은 뼛속의 병든 부분에 가 들러붙었다. 그런 다음, 강한 자석을 사용해 병든 부분을 아주 조금씩 끌어 낼 수 있었다. 거기 입맛을 다시는 사람이 누구야?
3. 거짓. 사람의 눈알은 자기를 띠고 있지 않다. 그러나 사고를 당한 사람의 눈알에 박힌 금속 파편을 제거하는 데 자석을 이용할 수 있다.
4. 참. 예를 들면, 플로피 디스크가 컴퓨터의 부호를 저장하는 방식은 자기 테이프가 그 표면에 자성 화학 물질의 형태로 소리의 정보를 저장하는 것과 같다. 컴퓨터 내에서 '읽기' 헤드가 디스크의 자기 펄스를 전기 신호로 변화시킨다. 하드 디스크는 정보를 저장하는 일련의 자기 디스크로 이루어져 있다.
5. 거짓.
6. 참. 과학 수업이 끝날 때 울리는 벨 소리는 망치가 종을 두들겨서 난다. 종 속에 있는 강한 자석이 망치를 잡아당기는데, 그 자석은 누군가 버튼을 누를 때 발생하는 전류에 반응한다.

7. 참. 자기 부상 열차는 일본과 독일에서 개발되었다. 자기 부상 열차는 강한 자석을 사용해 레일 위에 떠서 달린다. 기차가 앞으로 미끄러져 나아가면, 기차에 붙어 있는 강한 자석들은 레일에 있는 전자들을 움직이게 만든다. 이것은 전류를 발생시키고, 전류는 다시 자기력을 만들어 내 기차를 앞으로 끌어당긴다.

★ 요건 몰랐을걸!

자기 부상 기술은 엘리베이터와 놀이 공원의 놀이 기구를 만드는 데에도 사용되었다. 이제 여러분은 과학 실험을 위해 놀이 공원에 가야 한다고 부모님을 설득할 수 있겠지?

자석에 얽힌 옛 이야기

자석의 역사는 아주 오래 되었다. 전설에 따르면, 기원전 2500년경에 중국의 황제(黃帝)는 안개 도술을 부리는 치우와 싸울 때, 자철석을 사용해 안개 속에서 길을 찾았다고 한다. 그는 아마도 기다란 자철석을 실에 매달아 사용했을 것이다.

자철석은 자기를 띠고 있기 때문에 가느다란 자철석 조각을 실에 매달면 항상 북쪽을 가리킨다. 이 성질을 이용하면 나침반을 만들 수 있는데, 나침반에 대한 기록은 1086년에 중국

의 과학자 심괄(沈括)이 처음으로 남겼다.

중국 선원들은 나침반을 사용해 바다에서 항로를 찾았다. 이 기술은 그로부터 100년도 못 돼 중동과 유럽으로 전파되었다. 선원들은 나침반을 널리 사용했지만, 자석에 관한 실험을 해 보려는 사람은 거의 없었다. 그러다가 마침내 윌리엄 길버트(William Gilbert ; 1540~1603)라는 의사가 나타나 자석에 관한 다양한 실험을 하게 된다.

길버트의 방황

길버트의 어린 시절에 대해서는 알려진 것이 거의 없다. 그러나 그는 의학을 공부해 엘리자베스 여왕의 어의가 되었다.

그러나 불과 2년 후에 엘리자베스 여왕이 세상을 떠나는 바람에 길버트는 찬밥 신세가 되고 말았다. 어쨌든 길버트는 과학적으로 자석을 최초로 탐구한 사람이었다. 예를 들면, 그 당시 사람들은 마늘로 자석을 문지르면, 마늘의 악취가 자석의 자성을 없앤다고 믿었다. 그러나 길버트는 그것이 아무 효과가 없다는 사실을 알아 냈다.

길버트는 나침반의 바늘이 항상 북쪽을 가리키는 현상에 큰 흥미를 느껴 그 이유를 밝혀 보려고 했다. 마침내 그는 지구 전체가 하나의 거대한 자석이라는 사실을 알아 냈다! 그는 작은 막대 위에 나침반의 바늘을 놓아 둠으로써 이 사실을 발견했다. 바늘은 물론 북쪽을 가리켰지만, 그와 동시에 약간 아래쪽을 향했다. 이것은 자기가 더 북쪽에 있는 지구상의 어느 지점에서 나온다는 사실을 암시했다. 이 사실로부터 길버트는 지구 자체가 하나의 거대한 자석이라고 추측했던 것이다.

지구 자기에 대한 다섯 가지 사실

1. 지구의 내핵 주위에는 녹아 있는 금속으로 이루어진 외핵이 거대한 바다처럼 둘러싸고 있다. 그 속에 들어갔다간 오징어처럼 짜부라져 불타 없어질 것이다. 다행히도, 아직까지 누구도 그렇게 깊은 곳에 들어가려고 한 사람은 없었다.

2. 지구의 자전 때문에 이 금속 바다 속에 있는 엄청난 양의 전자들이 돌면서 거대한 전기력과 자기력을 만들어 낸다.
3. 자기력은 자남극 지점에서 지구 밖으로 나와 자북극 지점에서 지구 속으로 들어간다.
4. 잘못 말한 것이 아니냐고? 전혀 잘못되지 않았다. 지구 자기는 보통 자석과는 북극과 남극의 방향이 반대이기 때문이다. 그러니까 보통 자석과 같은 기준에서 이야기한다면, 자북

극은 남극 부근에 있고, 자남극은 북극 부근에 있다고 해야 옳다. 그런데 지리상의 북극과 같은 방향을 나침반의 북극(N극)이라고 이름붙이는 바람에 이러한 혼란이 일어났다.

5. 지구 자기의 방향은 지난 46억 년 동안 약 300번이나 뒤바뀌어 왔다(왜 그랬는지, 그리고 다음에는 또 언제 그런 일이 일어나는지는 묻지 마라. 아무도 모르니까). 그러니까 다음 번에 그러한 지자기 역전이 일어나면, 나침반의 바늘은 북쪽 대신에 남쪽을 가리키게 될 것이다. 만약 여러분이 나침반만 가지고 여행을 떠난다면? 절대로 목적지를 찾아가지 못할 것이다!

여러분이 방학을 맞아 탐사 여행을 떠난다고 상상해 보자.

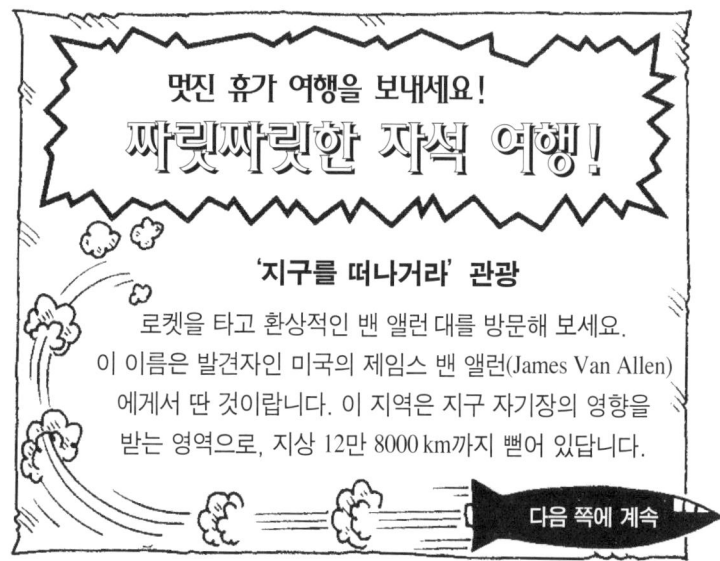

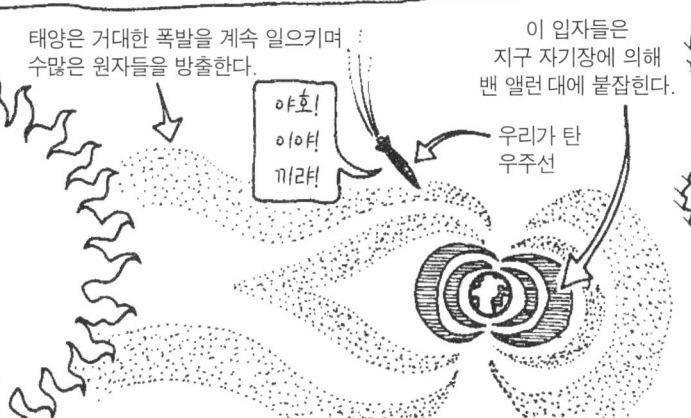

태양에서 방출된 원자들은 지구 대기권 상층부의 원자들과 충돌하면서 빛 입자(광자)들을 만들어 내어 하늘에 아름다운 색깔의 장관을 연출합니다. 이것을 오로라(aurora)라 부르는데, 북극과 남극 하늘에서만 볼 수 있기 때문에 각각 북극광과 남극광이라 부르기도 합니다.

주의 사항

때로는 태양에서 수많은 전자들이 튀어나오기도 합니다. 이것은 밴 앨런 대에서 거대한 자기파를 형성해 지구 자기장의 세기를 증폭시킵니다. 만약 이렇게 증폭된 자기장에 여러분이 탄 우주선이 들어가면, 여러분은 멀미를 하거나 정신을 잃을 수도 있습니다.

'자남극' 여행

이것은 남극 여행이 아닙니다. 자남극이란, 지구 자기의 자기력이 땅 속에서 솟아오르는 부분을 말합니다. 자남극을 최초로 밟은 사람은 오스트레일리아의 탐험가 더글러스 모슨(Douglas Mawson ; 1882~1958)입니다. 자남극에 도착해 나침반의 바늘이 정신 없이 횡횡 도는 걸 보면 여러분도 깜짝 놀랄 것입니다.

모슨

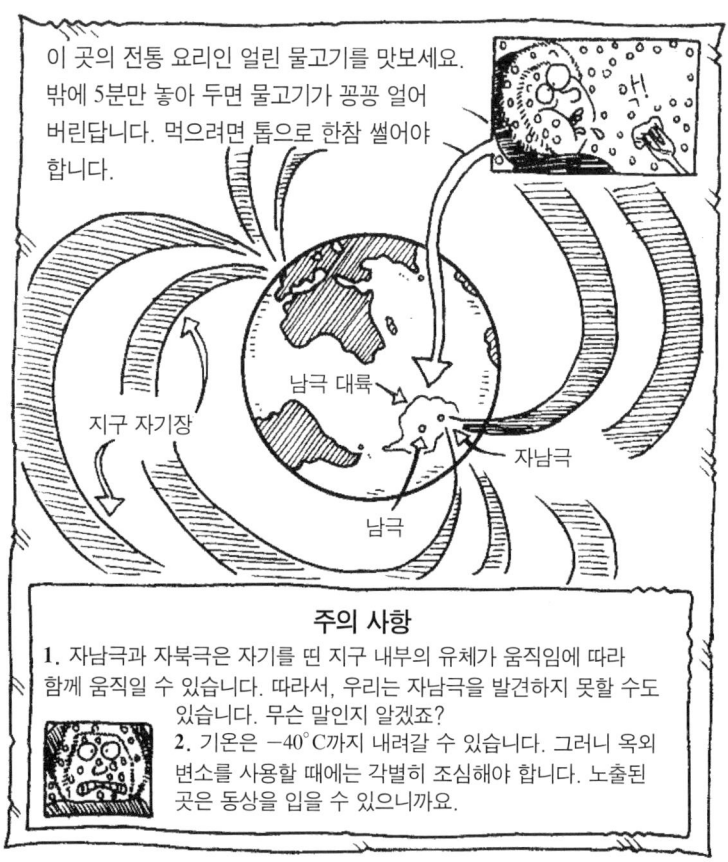

나도 과학자가 될 수 있을까?

1995년, 미국 과학자 로버트 비슨(Robert Beason)은 쌀먹이 새(미국에 서식하는 작은 새로, 가을에 남동쪽으로 여행하는 습성이 있음)의 머리에 자석을 붙인 다음, 새장 문을 열어 주었다. 그 새는 어떤 행동을 보였을까?

a) 아무것도 하지 않았다. 머리에 붙여 놓은 자석이 새장의 쇠창살에 들러붙었기 때문이다.
b) 목적지로 비슷하게 날아갔지만, 약간 벗어났다.
c) 전혀 엉뚱한 방향으로 날아갔다.

답: ㅇ) 과학자들은 사실도 밀어내는 자석처럼 같은 극끼리는 서로 밀어 내고, 다른 극끼리는 서로 끌어당긴다는 것을 알아냈어요. 실제로 모든 자석은 둘로 쪼개어도 양극을 갖고 있어서, 아무리 작게 쪼갠다 해도 용융된 쇳덩이가 식을 때 이미 그 방향이 결정되어 있다는 것이지요. 자석끼리 대응해 보는 실험을 해봐도 대응하는 극이 있다는 것은 분명한 일.

★ 요건 몰랐을걸!

자석의 힘을 없앨 수도 있다. 영미권의 과학자들은 이것을 자석의 힘을 '죽인다(kill)'고 표현한다. 그러니까 정말 섬뜩한 살인이 일어나는 것처럼 들린다. 만약 그러한 사건이 일어난다면, 여러분은 그 범인을 찾아 낼 수 있을까?

자석 살인 사건

지남철 탐정의 사건 수사 파일

어린이들에게서 얻은 비밀 첩보에 따라 우리는 어느 과학 교사의 아파트를 급습했다. 커피잔이 아직 따뜻한 걸로 봐서 용의자는 얼마 전에 이 곳을 뜬 것 같다. 아파트는 온통 난장판이었으며, 그 곳에 있는 것만으로도 내 몸이 더러워지는 것 같았다.

자석은 식탁 위에 얼굴을 처박고 쓰러져 있었다.

희생자

용의자

다음에 계속 ▶

자석의 몸에는 폭력을 사용한 흔적은 없었다. 그러나 자석은 이미 죽어 있었다. 자기 반응을 전혀 보이지 않았기 때문이다. 나는 자석의 몸에 남아 있는 지문이 훼손되지 않도록 조심스럽게 자석의 몸을 뒤집었다. 자석의 몸은 얼음처럼 차가웠다.
살해에 사용되었을 가능성이 있는 무기는 다음과 같다.

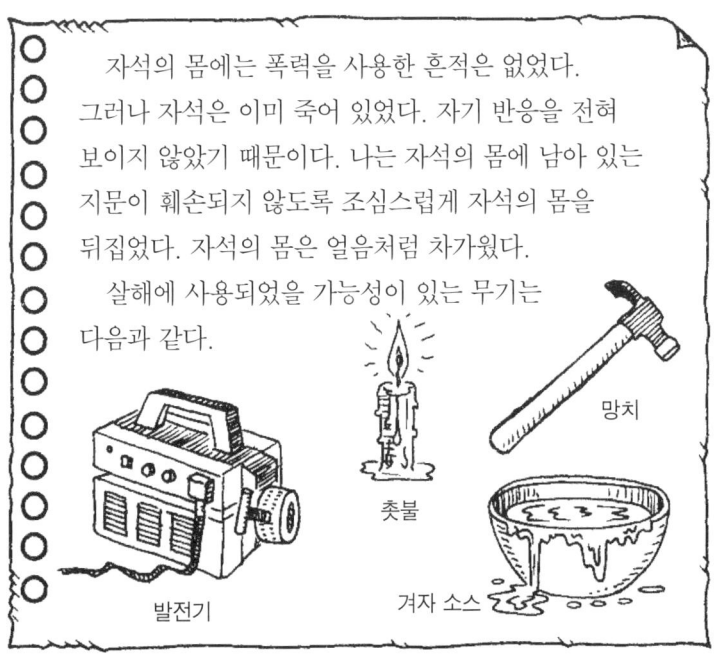

여러분이 해야 할 일은 자석을 어떻게 죽였는지 밝혀 내는 것이다. 다음과 같은 방법들이 사용되었을 수 있다.

a) 촛불로 5분 동안 태워 죽인다.

b) 겨자 소스에 빠뜨려 익사시킨다.

c) 망치로 때려 죽인다.

d) 강한 전류를 흘려 죽인다.

주의 사항
이 중 하나는 효과가 없다.
어떤 것인지 알겠는가?

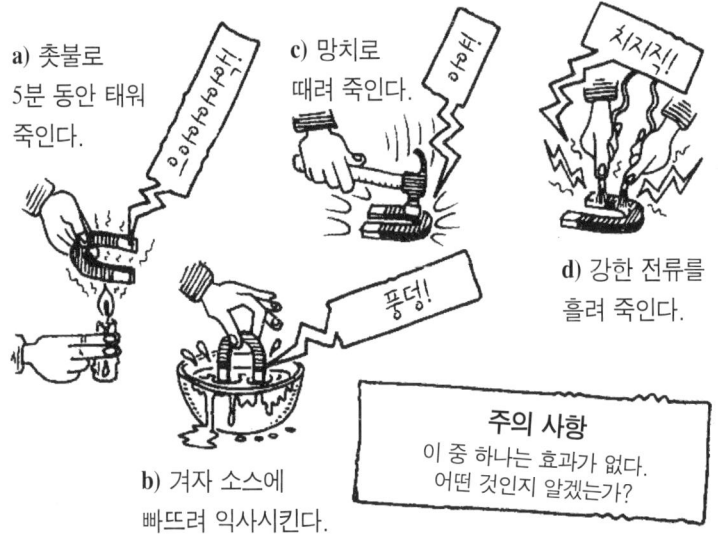

앞의 방법 중 세 가지는 자구 속의 원자들을 재배열시킬 수 있기 때문에, 자기력은 더 이상 한 방향을 가리키지 않게 된다. 이것은 자석이 자기력을 잃게 된다는 것을 의미한다. 사건 기록을 더 읽어 보자. 또 다른 단서를 얻게 될지 모르니까….

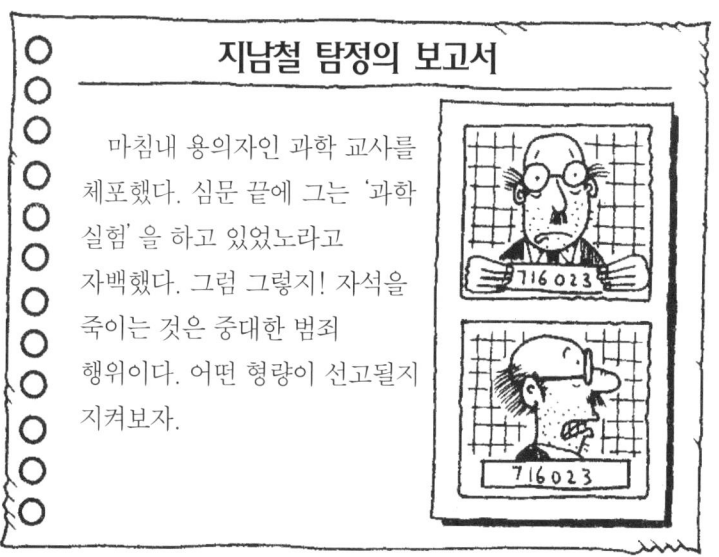

지남철 탐정의 보고서

마침내 용의자인 과학 교사를 체포했다. 심문 끝에 그는 '과학 실험'을 하고 있었노라고 자백했다. 그럼 그렇지! 자석을 죽이는 것은 중대한 범죄 행위이다. 어떤 형량이 선고될지 지켜보자.

이 무슨 난리 법석이냐고? 자석이 그 힘을 잃는 게 뭐가 그리 중요하냐고? 천만의 말씀! 자석은 아주 중요하기 때문에 자석을 마구 죽이며 돌아다니는 사람이 있어서는 안 된다. 자석은 지구에서 가장 중요한 기계를 만드는 데 꼭 필요하다. 그 기계가 없다면, 우리가 살고 있는 세상은 제대로 굴러가지 못할 것이다. 몹시 궁금하다고?

뭘 하고 있어? 어서 다음 장으로 가지 않고….

모든 것을 움직이는 전동기

깨끗하고, 조용하고, 강한 기계! 전동기는 세탁기에서 우유 배달차에 이르기까지 온갖 종류의 기계를 움직인다. 그런데도 사람들이 전동기의 존재를 알아차리는 때는 전동기가 작동하지 않을 때나 사용자에게 끔찍한 충격을 줄 때뿐이다. 그런데 전동기는 자기와 전기가 함께 작용하여 작동된다는 사실을 알고 있는지?

흥분의 순간

전동기가 발명되기 전만 해도 과학자들은 전기와 자기 사이에 어떤 관계가 있는지 오랫동안 고민하였다. 물론 지금 여러분은 자기가 전자들에 의해 만들어지므로 전기와 똑같은 힘이라는 사실을 알고 있겠지만, 그 당시만 해도 전자는 아직 발견되기 전이었다. 그러다가 1820년, 덴마크의 한스 크리스티안 외르스테드(Hans Christian Oersted ; 1777~1851)가 두 힘 사이의 관계를 밝혀 냈다.

★ **요건 몰랐을걸!**
외르스테드의 부모는 너무 가난해서 아이들에게 제대로 밥도 먹일 수 없었다. 그래서 외르스테드와 그 형제들을 이웃 사람들에게 맡겨 버렸다(여러분의 부모는 언니나 동생을 이웃집에 맡길 리가 없으니, 헛된 공상은 그만 하고 책이나 열심히 읽도록).
그렇지만 외르스테드 형제들은 책을 보고 독학으로 열심히 공부하여 나중에 코펜하겐 대학에 들어갔으며, 외르스테드는 교수가 되었다.

어쨌든, 외르스테드는 전류가 나침반의 바늘에 어떤 영향을 미치는지 알고 싶어했다. 어느 날, 강의를 하던 중에 외르스테드는 나침반 바늘을 고정된 전선 가까이에 가져가 보았다. 그러자 신기하게도 나침반 바늘은 마치 보이지 않는 손가락이 그것을 만진 것처럼 빙 도는 것이 아닌가!

외르스테드는 왜 이런 현상이 일어나는지 알지 못했지만, 뭔가 중요한 사실을 발견했다고 느꼈다.

나도 과학자가 될 수 있을까?

지금까지 이 책을 읽었으니 여러분은 무슨 일이 일어났는지 짐작할 것이다. 과연 어떤 일이 일어났을까?

a) 전선에서 나온 전기력이 자기를 띤 나침반 바늘을 끌어당겼다.

b) 전선의 전자들에서 나온 힘이 자기를 띤 나침반 바늘을 밀어 냈다.

c) 나침반 바늘은 정전기 때문에 움직였다.

답: b) 전기에는 두 가지이다. 그래서 움직일 수 있는 자기력에서 나오는 힘을 받아 나침반 바늘이 이리저리 움직인다. 하지만, 전자들이 나오는 힘을 받아 나침반 바늘이 돈다. 즉, 전선을 따라 나란히 움직이는 전자들이 자기력(자성)을 가지고 있지 않아도 전류에 의해 자기력이 생긴다는 것이다. 정답 역시 약간 열린 성각일 것이다.

따라서, 전류에서 발생하는 힘은 자석을 움직이게 만들 수

있다. 바로 이것이 전동기의 원리이다. 더 자세한 것을 알고
싶다고?

진상 조사 X-파일 : 전동기

이름 : 전동기

기초 사실 : 1. 모든 전동기는 전자기력을 이용해 고리 모양의 전선을 움직이게 만든다. 그 원리는 다음과 같다.

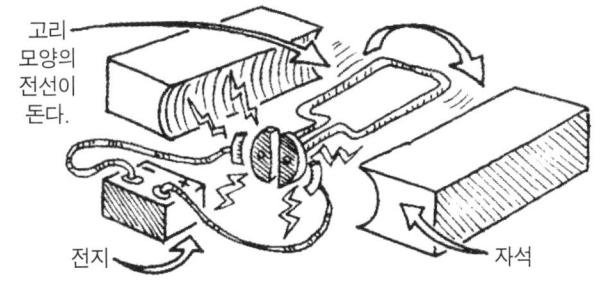

고리 모양의 전선이 돈다.

전지

자석

2. 전선과 자석의 전자기력은 서로를 계속 밀어 내며, 그 때문에 고리 모양의 전선이 돌게 된다.

3. 움직이는 고리 모양의 전선은 기계에서 필요한 부분을 움직이게 하는 데 이용할 수 있다.

쇼킹한 사실 :
여러분은 수많은 물건들에서 전동기를 발견하게 될 것이다. 과학자들이 뇌를 연구하기 위해 죽은 사람의 머리를 자르는 데 사용하는 전기톱 같은 데서도 ….

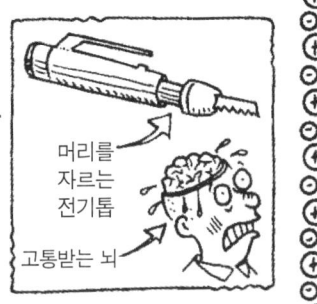

머리를 자르는 전기톱

고통받는 뇌

전동기 발명 경쟁

전기와 자기를 결합하여 제대로 작동하는 전동기를 만들려는 경쟁이 시작되었다. 기본적인 아이디어는 1821년에 마이클 패러데이(Michael Faraday ; 1791~1867)가 이미 내놓은 바 있었다. 패러데이는 그것이 가능하다는 것을 보여 주기 위해 기계를 만들었는데, 그것이 역사상 최초의 전동기였다. 역사상 처음으로 우리는 이 위대한 과학자를 직접 이 자리에 모셔 설명을 들을 수 있게 되었다(이건 정말로 놀라운 사건이다. 그는 이미 100년도 더 전에 죽었으니까).

죽은 천재 과학자의 설명

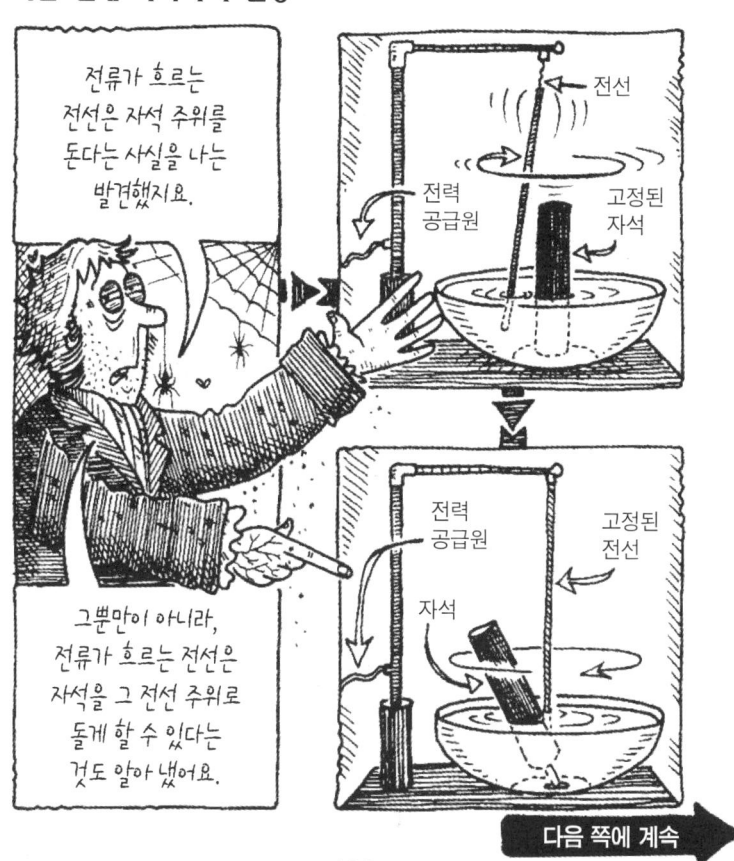

이 얼마나 대단한 발견인가! 아마 선생님은 이 훌륭한 과학자에 대해 좀더 자세한 것을 알고 계실 것이다. 과연 그럴까?

선생님의 실력을 테스트해 보자!

참고 사항 : 한 문제당 1점씩이지만, 이 문제들은 너무나도 쉽기 때문에 한 문제 틀릴 때마다 점수를 1점씩 깎을 것.

1. 패러데이의 아버지는 어떤 일을 했을까?
a) 대장장이   b) 아이스크림 판매상   c) 과학 교사

2. 패러데이는 원래는 제본업자의 조수로 일하다가 유명한 과학자인 험프리 데이비(Humphrey Davy) 밑에서 일하게 되었다. 그는 어떻게 그 자리를 얻었을까?
a) 데이비가 조수 한 명을 해고해 그 자리가 비었기 때문에.
b) 패러데이가 데이비를 설득시켜 일자리를 얻었다.
c) 과학 선생님이 패러데이를 데이비에게 추천했다.

3. 데이비는 왜 패러데이와 다투게 되었을까?
a) 패러데이의 전동기가 더 뛰어나자 질투가 나서.
b) 패러데이가 데이비의 펜을 빌리고 나서 돌려 주지 않았기 때문에.

c) 패러데이가 전동기에 관한 아이디어를 훔쳐 갔기 때문에.

4. 패러데이가 가장 좋아한 취미는?

a) 일. 그 중에서도 특히 과학 실험.

b) 파티에 참석하는 것.

c) 어린이들에게 과학을 가르치는 것.

5. 다른 과학자들도 패러데이가 만든 기계를 바탕으로 기계를 만들어 보았지만, 제대로 작동하지 않았다. 그러자 패러데이는 어떻게 했을까?

a) 자신이 만든 기계의 복제품을 만들어 그들에게 나누어 주었다.

b) '바보' 라는 글자를 크게 써서 무례한 편지를 보냈다.

c) 그들을 위해 특별 훈련을 실시했다.

6. 노인이 된 패러데이가 겪었던 어려움은?

a) 기억 상실.

b) 털이 삐죽삐죽 돋아난 귀.

c) 목소리를 낼 수 없어 강의를 포기해야 했다.

7. 영국의 재무 장관이 패러데이의 실험실을 방문하여 전기가 무슨 쓸모가 있느냐고 묻자, 패러데이는 뭐라고 답했을까?

답 : 모든 문제의 답은 a)이므로, 선생님이 얻은 점수를 계산하기가 쉬울 것이다.

1. 패러데이의 아버지는 늘 몸이 아팠으므로 가족은 가난에 찌들어 살았다.
2. 패러데이는 또한 데이비의 강의를 아름다운 책으로 만든 다음, 그 속에 자신의 편지를 넣어 데이비에게 보냈다. 숙제를 정성껏 잘 하면 때로는 보상을 받기도 하지.

3. 패러데이의 전동기는 작동했지만, 자기가 만든 것은 제대로 작동하지 않자, 데이비는 질투심이 일어났다. 그래서 그는 패러데이가 자신의 아이디어를 훔쳐 갔다고 말했다. 그러자 패러데이는 전동기는 자기 아이디어라고 말했다. 패러데이는 아주 정직한 것으로 소문이 나 있었기 때문에 아무도 데이비의 말을 믿지 않았다. 그러니 정직이 최선이라는 말을 농담으로 받아들이지 마라!
4. 패러데이는 친구가 거의 없었으며, 사교 생활도 즐기지 못했다. 그렇지만 그는 조금도 슬퍼하지 않았다. 그는 천재였으니까. 설마 여러분의 선생님도 같은 변명을 늘어놓진 않겠지? c)라고 답한 사람에겐 0.5점을 줄 수 있다. 패러데이는 자신이 일하고 있던 왕립 과학 연구소에서 강의를 하는 것을 즐겼으며, 어린이들을 위한 크리스마스 강의를 마련하기도 했다.
5. 패러데이는 그런 사람이었다.
6. 이것은 1839년에 패러데이가 어떤 병을 앓은 다음에 찾아왔다. 실험에 사용한 화학 물질에 중독되어 그런 일이 일어났는지도 모른다.
7. 실제로 1994년에 영국 정부는 전기에 대해 부가가치세를 매겼다.

선생님이 얻은 점수 분석

-7~0점 : 쇼킹할 정도로 무식하다! 선생님에게 다음 학기에는 휴가를 내고 공부만 하도록 권하라. 과학 시간에는 어떻게 하느냐고? 자습을 하면서 즐기는 거지 뭐.

1~3점 : 봐 줄 만하다. 좀더 노력하라고 권하라.

4~7점 : 선생님 책상 서랍 속에 이 책이 숨겨져 있는지 확인하라. 만약 이 책이 발견되거든, 0점 처리하도록! 그건 그렇고, 모든 문제에 대해 c)라고 대답한 선생님은 너무 자기 직업에 빠져 있기 때문에 나타나는 증상이므로, 장기간 휴가를 떠나시게 하라. 물론 그 동안에 여러분도 휴가를 즐길 수 있지.

★ 요건 몰랐을걸!

패러데이의 전동기는 아무 하는 일 없이 그저 빙빙 돌기만 했다. 그런 기계를 좋아할 사람이 누가 있겠는가? 일을 하는 최초의 전동기는 1831년에 조지프 헨리(Joseph Henry ; 1797~1878)가 만들었다. 헨리 역시 뛰어난 과학자였다. 헨리는 시계 제작자로 일을 시작했으며, 과학에 관심을 가지기 전에는 희곡을 썼다. 그는 욕심이 없는 사람이어서 스미스소니언 연구소에서 일을 하게 되었을 때, 32년 동안이나 월급 인상을 거절했다고 한다.

직접 해 보는 실험: 전동기를 직접 만들어 보자

준비물: 나침반이나 바늘, 자석, 길이 25 cm 정도의 실, 고무 찰흙, 접착 테이프, 1.5V 건전지, 28×6 cm 크기의 알루미늄 호일, 실험을 도와 줄 어른 한 명(그럼, 어른도 가끔은 쓸모가 있지!)

실험 방법:

1. 나침반이 없다면, 바늘을 자석에다 대고 30번 정도 문질러라. 그러면 바늘이 자석으로 변한다.

2. 바늘 중간 부분에 작은 고무 찰흙을 꽂은 다음, 실끝에 바늘을 묶어 공중에 편평하게 매달리게 한다.

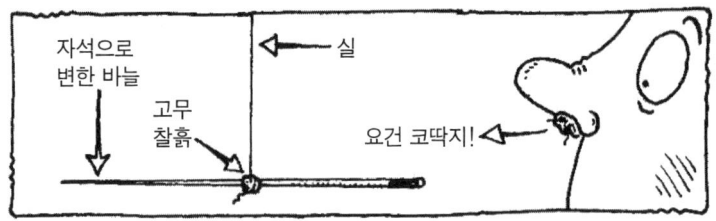

3. 좀더 많은 고무 찰흙을 사용해 다른 쪽 실끝을 식탁 윗부분에 붙인다.

4. 알루미늄 호일을 기다란 방향으로 한 번 접은 다음, 다시 한 번 기다란 방향으로 접는다. 호일이 찢어지지 않도록 주의하라.

5. 접착 테이프를 사용해 호일의 한쪽 끝을 전지의 양극에다

붙이고, 다른 쪽 끝을 음극에 붙인다. 이렇게 해서 전류가 흐를 수 있는 전기 회로가 완성되었다.

6. 이번에는 전지를 수평 방향으로 든 다음, 호일 고리를 나침반 위에서 좌우로 흔들어라. 나침반이 없는 사람은 호일 고리로 공중에 매달린 바늘을 에워싼 다음, 고리를 위아래 방향으로 흔들어라.

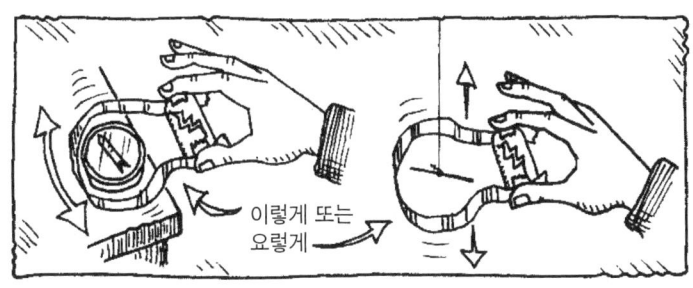

이렇게 또는 요렇게

어떤 사실을 알 수 있는가?

a) 바늘이 기묘한 파란빛을 내기 시작한다.
b) 바늘이 비틀거리며 돈다.
c) 바늘이 위아래 방향으로 요동한다.

답 : b) 바늘이 비틀비틀 돌고, 자석이 달린 바늘을 매달아 놓았거나 자석이 움직이게 놓았다면, 그 역할 사이에 움직임을 만들어 내거나 발생시킨다면 돈다.

전동기의 용도

다음 가정 용품 중 전동기가 들어 있는 것은 어떤 것일까? 잠깐, 기다려라! 그렇다고 분해할 것까진 없잖아? 대신에 힌트를 주겠다. 움직이는 부분이 달려 있는 기계는 대개 전동기가 들어 있다.

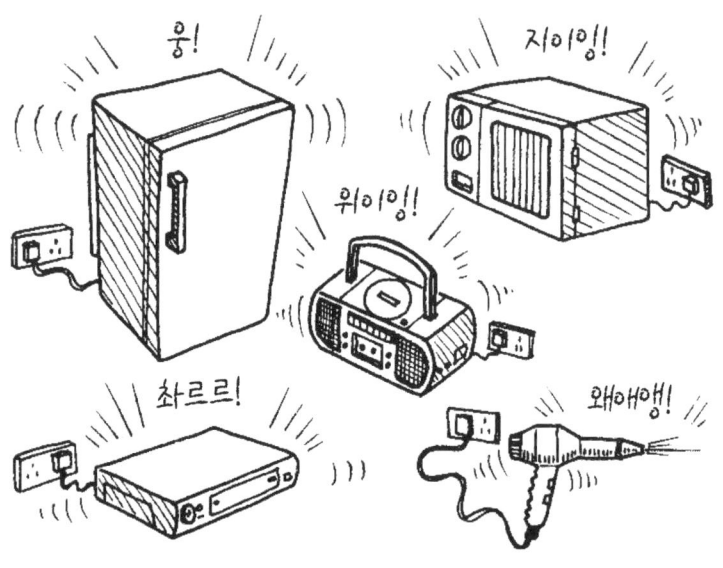

답 : 모두 진동소리가 들어 있다.

좀더 설명을 하자면….

1. 냉장고에서 가끔 웅웅거리는 소리가 나는 것을 듣고 궁금해 한 적이 없는지? 그것은 냉매라고 부르는 차가운 화학 물질이 냉장고 뒤쪽의 관들을 지나 냉동실로 들어갈 때 나는 소리이다.

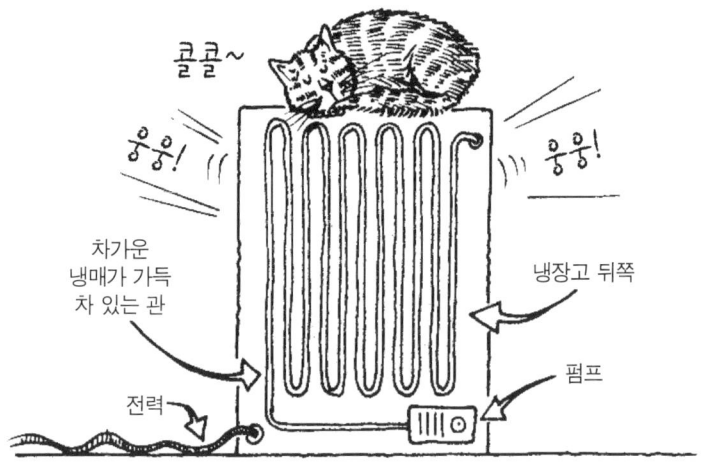

2. 전자 레인지 속에는 음식을 올려놓는 동그란 판이 있는데, 그것은 전동기에 의해 빙빙 돈다.

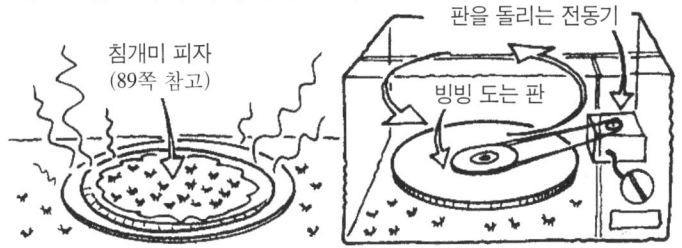

전동기는 또한 마이크로파를 음식을 향해 반사시키는 데 사용되는 송풍기도 돌린다.

3. CD 플레이어는 CD의 아랫면에 나 있는 미세한 홈들을 향해 레이저 빔을 쏜다. 레이저 빔이 그 홈들에 부딪히면 약간 흔들리면서 깜박임의 형태로 반사된다. 그러면 CD 플레이어가 그것을 전기 펄스로 바꾼 다음, 증폭기에서 다시 소리로 변화시킨다. 어때, 너무 간단하지? 만약 CD가 회전을 하지 않는다면, 레이저 빔이 깜박이는 형태로 반사될 수 없다. CD를 회전시키는 것은 뭐게? 바로 전동기지!

4. 비디오 녹화기는 소리와 영상을 녹음기(120쪽 참고)와 거의 같은 방식으로 카세트테이프에 묻어 있는 화학 물질의 자기 형태로 기록한다. 그렇지만 전동기가 돌면서 카세트테이프를 돌려야만 녹화가 되든지 재생이 된다.

5. 헤어드라이어는 단순히 전선 코일로 이루어져 있다. 전선

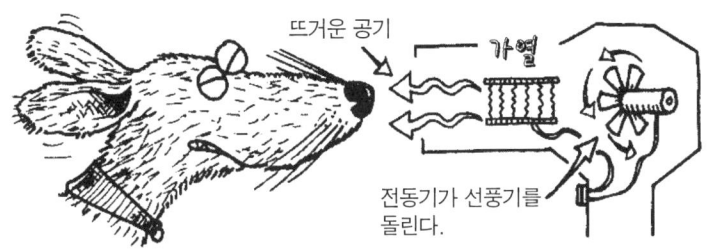

코일은 전자들이 그 속을 지나갈 때 발생하는 많은 마찰에 의해 가열된다(전구와 비슷한 원리).

그런데 전동기는 전류가 없으면 무용지물이라는 사실을 기억해야 한다. 전지와 약간의 전선만 있으면 전류를 만들어 낼 수 있지만, 밤낮을 가리지 않고 언제든지 전기를 사용하려면 좀더 강력한 전류가 필요하다. 그러니 좀더 짜릿짜릿한 전류에 대해 알아보자.

지금 생각하면 참 이상한 일이지만, 사람들은 전류를 만드는 최선의 방법을 놓고 죽기살기로 논쟁을 벌였다.

★ 요건 몰랐을걸!

여러분은 이미 발전을 해 본 경험이 있을지도 모른다. 바로 자전거에 발전기가 달려 있으니까! 자전거 바퀴가 돌면서 자석을 회전시킨다. 그러면 자석에서 움직이는 전자기력이 발생하고, 그것은 전자들을 발전기의 전선으로 흘러가게 하여 전조등에 불이 들어오게 한다.

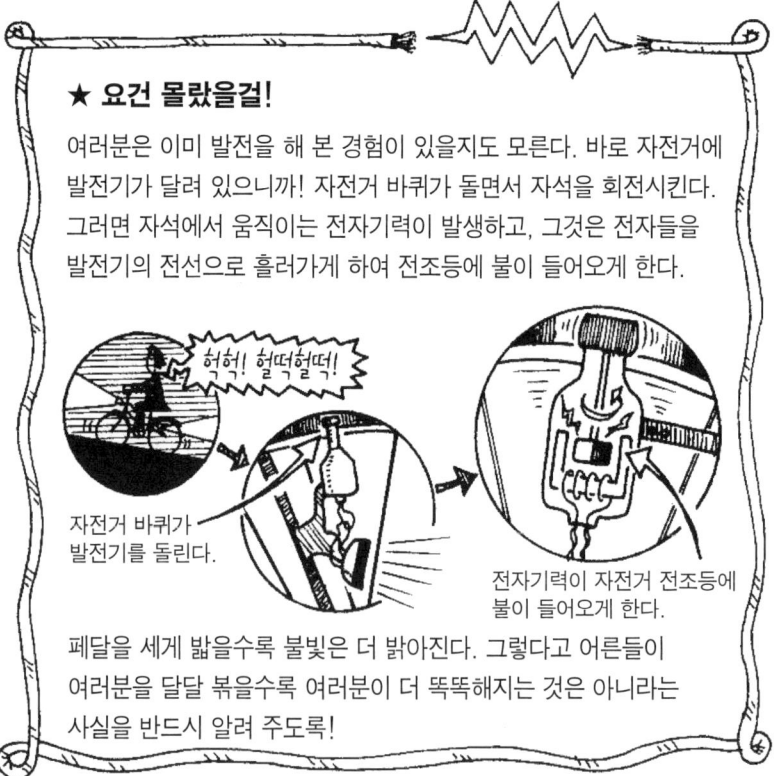

자전거 바퀴가 발전기를 돌린다.

전자기력이 자전거 전조등에 불이 들어오게 한다.

페달을 세게 밟을수록 불빛은 더 밝아진다. 그렇다고 어른들이 여러분을 달달 볶을수록 여러분이 더 똑똑해지는 것은 아니라는 사실을 반드시 알려 주도록!

★ 요건 몰랐을걸!
영국에서 처음으로 전기가 공급된 지역은 서리 주의 고덜밍이었다. 그러나 1880년에 추진된 그 계획은 실패로 끝났다. 주민들이 보기 흉한 전선들이 자기 집으로 들어오는 걸 원하지 않았기 때문이다. 그렇지만 몇 개월 후에 런던에 세워진 두 번째 발전소는 성공을 거두었다.

교류냐 직류냐

곧 발전은 아주 거대한 산업으로 떠올랐다. 1880년대에 미국에서 전력 산업을 주도한 두 사람은 토머스 에디슨(Thomas Edison ; 1847~1931)과 조지 웨스팅하우스(George Westinghouse ; 1846~1914)였다.

부유한 발명가인 에디슨은 발전소를 121군데나 세우고 전기 사업에 뛰어들었다. 그는 송전 방식에서 **직류**를 고집했는데, 직류란 전류가 발전소에서 여러분의 집으로 전선을 통해 한 방향으로만 흐르는 것을 말한다. 직류의 문제점은, 전선을 통해 전류가 전달되는 과정에서 전자들이 서서히 빠져 나가는 것이다. 그래서 발전소가 집 근처에 있어야 하므로, 작은 도시 하나마다 발전소를 하나씩 건설해야 했다.

웨스팅하우스는 **교류** 방식을 밀고 나갔다. 교류 발전소에서 생산되는 전류는 방향이 계속 바뀐다. 여기서 발생하는 충격

파는 전자들을 전선을 통해 초속 30만 km의 속도로 달려가게 한다. 교류 방식은 변압기를 통해 전압을 상승시킴으로써 약 50만 볼트의 고압으로 전선에 흘려 보낼 수 있는 이점이 있었다. 이렇게 높은 전압으로 전류를 보내면, 전선을 통해 전자들이 일부 빠져 나가더라도, 아주 먼 거리까지 전류를 충분히 보낼 수 있다. 그리고 가정이나 공장 근처에서 2차 변압기를 사용해 전압을 안전한 수준으로 떨어뜨릴 수 있다.

웨스팅하우스는 에디슨의 직류 전기 제국을 무너뜨릴 야심에 차 있었다. 그러자 에디슨은 교류는 아주 위험하다고 주장했다. 곧 사활을 건 양측의 지저분한 싸움이 시작되었다.

무시무시한 전류

믿거나말거나 신문

1888년 8월

**충격적인 실험!
애완 동물에게
전기 실험을 하다!**

에디슨이 고용한 고문인 브라운 교수는 교류의 위험성을 증명하기 위해 귀여운 애완 동물에게 충격적인 실험을 했다. 그것은 개와 고양이에게 교류를 통해 주는 실험이었다.

브라운 교수

그 동물들을 어디서 구했느냐는 질문에 브라운은 얼굴이 빨개지면서 "그 동물들은 과학의 발전을 위해 자원했다구요"라고 말했다. 그 동물들을 제공한 사람들에게 돈을 지불했느냐는 질문에 대해 그는 답변을 회피했다.

뉴스 속보!

최근에 애완용 고양이와 개가 실종되었다는 신고가 많이 접수되었다. 최근에 갑자기 돈을 잘 쓰는 일부 불량 청소년들에게 의심의 시선이 쏠리고 있다.

믿거나말거나 신문

1888년 12월

충격적인 사형 집행!

뉴욕 주는 전기를 사용해 살인자를 처형할 계획을 세우고 있다. 이 계획은 최근에 교수형 집행 과정에서 일이 잘못돼 죄수의 머리가 몸에서 떨어져 나가는 사고가 나면서 검토되기 시작했다. 전기 사형을 당할 최초의 희생자는 윌리엄 켐플러로

예상된다. 과일 장수이던 켐플러는 여자 친구를 죽인 죄로 사형을 선고받았다. 에디슨은 이 처형은 교류가 얼마나 위험한지 증명해 줄 것이라고 주장한다.

켐플러
(살인자가 되기 전의 모습)

뉴스 속보!

웨스팅하우스는 사람을 죽이는 데 교류를 사용한다는 소식을 듣고 큰 충격을 받았다. 켐플러 역시 충격을 받았다고 말하면서 그 처형 방식은 너무 잔인하다고 탄원했다. 그는 나중에 사형이 집행될 때, 필시 더 큰 충격을 받으리라.

켐플러
(어제 모습)

믿거나말거나 신문

1890년 8월

끔찍한 처형

켐플러는 무사히 죽었다. 그의 탄원은 기각되었다. 에디슨이 전기 사형 방법은 빠르고도 깨끗하게 끝나므로, 그렇게 나쁜 방법이 아니라고 주장했기 때문이다. 그러나 전기 의자를 사용한 새로운 처형 방법은 별로 깨끗하게 진행되지 못했다. 첫 번째 전기 충격을 받고 나서도 켐플러는 죽지 않았다.

그래서 그의 몸에서 연기와 불꽃이 날 때까지 또다시 1분이 넘게 전기 충격을 가했다. 그것은

소름끼치는 광경이었고, 입회한 의사는 "저럴 바에는 차라리 화형을 시키지 그랬어요?"라고 말하고는 화장실로 향했다.

그 다음에는 어떻게 되었을까?

결국 웨스팅하우스가 승리를 거두었다. 먼 거리까지 전기를 보내는 방식은 고전압 교류밖에 없었다. 1893년에는 웨스팅하우스는 강력한 전동기까지 선보였다. 그 전동기는 교류와 자석을 사용했는데, 자석은 처음에는 금속 고리의 한쪽에, 그 다음에는 다른 쪽에 번갈아가며 작용했다. 이 전동기를 발명한 사람은 크로아티아 출신의 천재 발명가 니콜라 테슬라(Nikola Tesla ; 1856~19443)였다.

테슬라는 늙어서는 뉴욕의 아파트에서 비둘기들과 이야기를 하며 고독하게 살아갔기 때문에 어떤 사람들은 테슬라가 미쳤다고 생각했다. 테슬라가 기르던 비둘기 중 한 마리가 글을 썼더라면, 아마도 다음과 같은 이야기가 되지 않을까?

내가 아는 테슬라
그의 절친한 벗, 비둘기가 씀

테슬라와 나는 같은 종류의 동물인 것 같다. 그는 내게 자기 인생에 대해 많은 이야기를 들려 주었다. 그렇지만 그의 머리는 결코 새 대가리가 아니다. 테슬라는 크로아티아에서 태어났다. 아버지는 테슬라를 성직자로 만들려고 했지만, 그는 과학자가 되고 싶어했다. 결국 테슬라는 아버지를 설득해 대학에 들어갔다. 그런데 테슬라는 전동기를 다루는 수업 도중에 선생님의 비위를 거슬렸다. 자기는 훨씬 훌륭한 전동기를 만들 수 있다고 큰소리를 쳤기 때문이다. 그러나 아무도 그의 말을 믿어 주지 않았다.

테슬라

테슬라가 전동기에 대한 아이디어를 떠올린 것은 공원에서였다. 그는 시를 읽다가 땅바닥에다 작대기로 전동기의 설계도를 그렸다. 그는 다음 해에 그 전동기를 만들었으며, 얼마 후에 미국으로 가 에디슨 밑에서 일하게 되었다. 테슬라가 미국에 도착했을 때 그의 수중에는 단돈 4센트밖에 없었다. 그러나 그에게는 하늘을 나는 기계(결코 실현시키지는 못했지만)와 전동기에 대한 아이디어가 있었다.

그러나 일은 쉽게 풀리지 않았다. 에디슨은 교류를 좋아하지 않았고(테슬라의 전동기는 교류를 바탕으로 했다), 무엇보다도 테슬라를 좋아하지 않았다. 그래서 테슬라는 에디슨의 경쟁자이던 웨스팅하우스에게 가 그 밑에서 일하게 되었다. 테슬라는 높은 전압을 만드는 새로운 변압기를 구상했고, 웨스팅하우스는 그 기계를 잘 팔았다.

변압기

테슬라는 나이가 들어서도 여전히 놀라운 재능을 발휘했다. 그의 실험실은 고압 교류에서 나오는 거대한 섬광으로 가득 차 있었다. 내 생각엔 테슬라가 거기서 번뜩이는 영감을 얻으려고 했던 게 아닌가 싶다.

물론 사람들은 테슬라가 괴상하게 변했다고 이야기한다. 그렇지만 그는 다만 외계인과 접촉을 했으며, 비행기를 격추시킬 수 있는 죽음의 광선을 발명했노라고 말했을 뿐이다. 비행기를 격추시키는 것은 정말 멋진 일이다. 하늘을 높이 나는 우리 비둘기에게 비행기는 정말 성가신 존재다. 어쨌든 테슬라는 정말 좋은 친구다. 기꺼이 빵 부스러기를 우리에게 나누어 줄뿐더러, 내가 조준을 잘못해 그의 이마에 실례를 해도 화내는 법이 없으니까.

그 당시는 전동기를 최첨단 기술로 생각하던 시절이었다. 그 때는 지금 여러분 학교에서 가장 나이 많은 선생님도 곰 인형을 가지고 옹알대며 놀던 시절이기도 하다. 오늘날 우리는 단지 빙빙 돌기만 하는 것이 아니라 많은 일을 할 수 있는 전동기가 들어 있는 기계들을 많이 사용하고 있다. 복잡한 계산을 해 주고, 수준 높은 컴퓨터 게임을 하게 해 주는 기계에도 전동기가 사용되고 있다. 그 밖에 흥미롭고 놀라운 전자 장비들이 가득 들어 있는 기계들에도 전동기가 사용된다.

여러분도 뭔가 유익한 일을 하고 싶다면, 다음 장을 읽어 보라. 다음 장은 정말로 여러분을 깜짝 놀라게 만들 것이다.

환상적인 전자 공학

전자 공학이 추구하는 것은 딱 한 가지뿐이다. 그것은 전자 회로의 전자들을 이용해 기계 내부에서 환상적인 일을 하게 하는 것이다.

똑똑한 회로

회로가 무엇이냐고? 전류가 흐르려면 흘러갈 수 있는 길이 있어야 한다. 회로는 전류가 흘러갈 수 있도록 원형으로 만들어 놓은 전선을 말한다. 그 중간중간에 스위치나 전구나 다양한 전기 장치들이 달려 있을 수도 있다. 여기서 잠깐 선생님이 전기 회로에 대해 얼마나 아시는지 한번 테스트해 볼까?

선생님을 곯려 주는 질문

새 한 마리가 필요하다. 그렇다고 진짜 비둘기가 필요한 것은 아니다. 장난감 비둘기로도 충분하다. 교무실 문을 똑똑 두드리고, 문이 열리거든 미소를 지으면서 이렇게 물어라.

답 : 새가 고압 전선 위에 앉아 있기 때문에 새의 몸 사이에 전류가 흐르려면 두 가닥 철사로 이어져 있어야 하는데(회로니까!) 그것이 아니라, 한 가닥 위에 앉아 있기 때문에 감전되지 않는다.

중요한 회로 익히기 훈련

회로에 관해 더 자세한 것을 알아보기 위해 여러분에게 특별 훈련소를 소개하겠다. 원자 가족 이야기에서 소개한 전자 아이들을 기억하고 있겠지? 여러분은 소파에 편히 누워서 그들이 바쁘게 달리는 모습을 감상하기만 하면 된다.

전자 특공대 훈련소

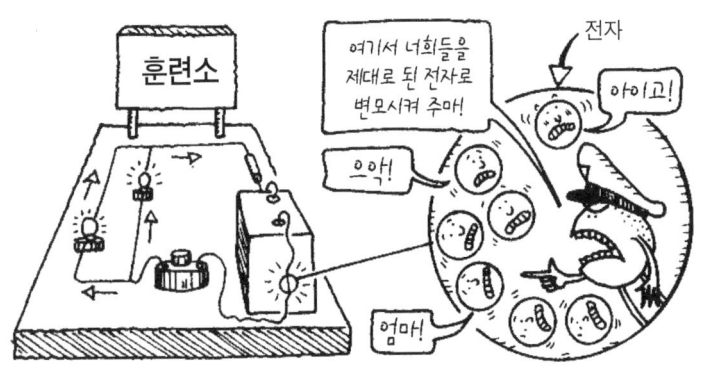

직렬 회로와 병렬 회로

맨 먼저, 전자들은 경주를 하면서 전구를 밝히고, 버저를 울리게 될 것이다.

첫 번째 경주는 직렬 회로에서 시작된다. 전자들은 전지에서 나와 전선을 따라가면서 전구를 지나 다시 전지로 돌아간다. 그러나 많은 전자들이 전선을 통해 지나가기 때문에 속도가 그렇게 빠르지 못하다.

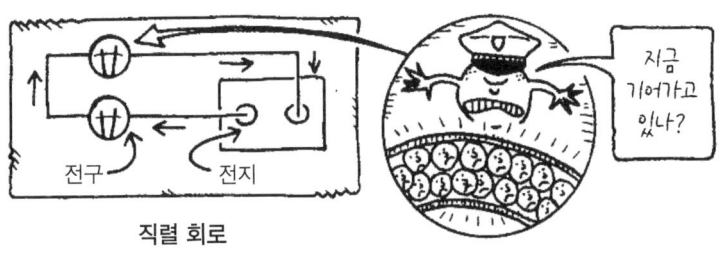

직렬 회로

두 번째 경주는 병렬 회로에서 벌어진다. 이번에는 두 개의 전구에 대해 각각 별도의 전선이 하나씩 연결돼 있다. 따라서, 전자들 중 절반은 한쪽으로, 나머지 절반은 다른 쪽으로 갈 수 있으므로, 전자들은 좀더 빨리 달릴 수 있다.

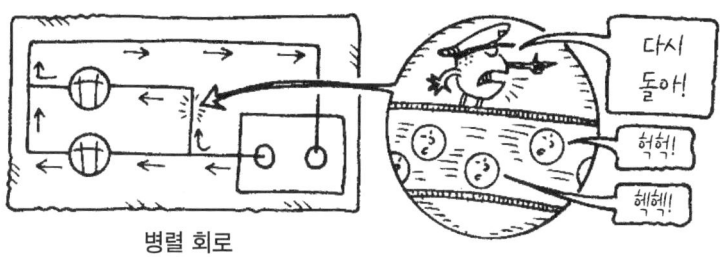

병렬 회로

스위치

이제 스위치를 달 때가 되었다. 그러면 전자들이 아주 좋아할 것이다. 이번에는 전자들이 무시무시한 전기 스위치를 지나가야 한다. 스위치는 용수철 같은 금속 조각이다. 스위치를 켜면 금속 조각이 아래로 내려가고, 전자들은 그것을 지나갈 수 있다. 그러나 전자들은 빨리 서둘지 않으면 안 된다. 스위치가 꺼지면 금속 조각이 위로 올라가고, 회로가 끊기기 때문이다. 나머지 전자들은 오도 가도 못하는 신세가 되고 만다.

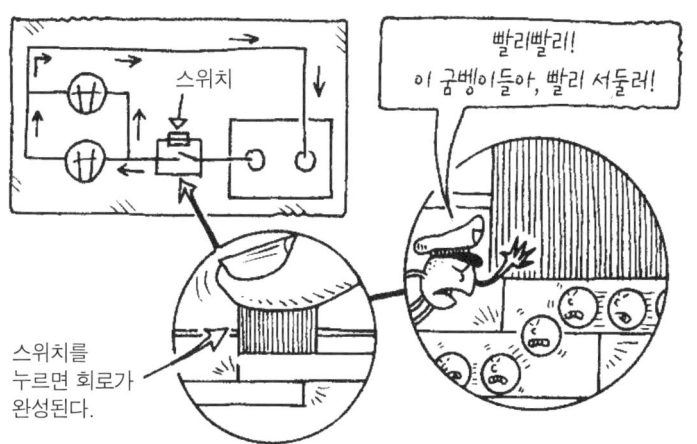

스위치를 누르면 회로가 완성된다.

퓨즈

이 뜨거운 장소에서 전자들은 좁은 전선 조각을 지나 기어가야 한다. 전자들이 기어가면서 받는 저항 때문에 많은 열이 발생한다. 전자들이 한꺼번에 너무 많이 기어가면, 퓨즈가 녹으면서 아주 위험한 상황이 발생할 수 있다.

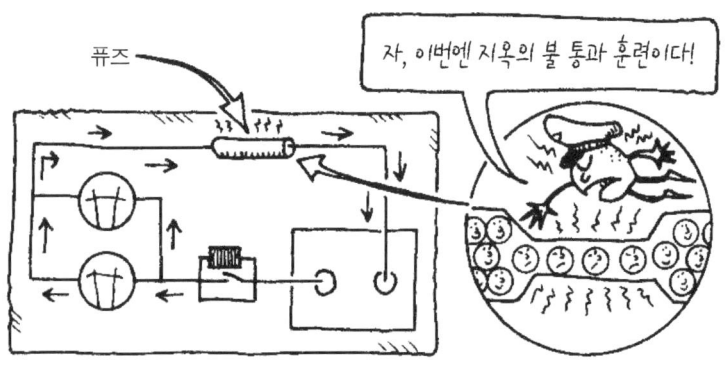

전기 회로에 관해 알아야 할 몇 가지 사실

1. 전기가 흐르는 곳이라면 어디든지 회로가 있다. 여러분의 집에는 불을 켜는 스위치로 회로가 지나가며, 전원 플러그에는 또 별도의 회로가 있다(벽 속으로 그 수많은 선들이 지나가고 있다고 상상해 보라). 이들 스위치 중 어느 하나라도 켜져 있으면 전류가 흐른다.
2. 콘센트 외에도 전선에 연결된 것이든 전지로 작동되는 것이든 모든 전기 장비에는 스위치가 달려 있다.
3. 플러그에는 퓨즈가 들어 있는데, 퓨즈는 너무 많은 전류가 한꺼번에 전기 장비로 흐르지 않도록 예방해 준다. 퓨즈에 표시된 A(암페어)의 숫자는 퓨즈를 녹이지 않고 흐를 수 있는 최대한의 전류를 나타낸다. 만약 퓨즈가 녹으면, 전기 장비는 작동을 멈추게 된다.

무시무시한 건강 경고!

따라서, 소켓 하나에 라디오, 텔레비전, 냉장고, 비디오, CD 플레이어 따위를 다 꽂는 것은 좋지 않다. 기계들이 너무 많은 전력을 사용하는 바람에 퓨즈가 녹아 버릴지도 모르니까!

대단한 반도체

반도체의 발명으로 1950년대부터 전자 공학은 혁명을 맞이하게 되었다. 반도체는 미국의 벨 연구소에서 근무하던 윌리엄 쇼클리(William Shockley ; 1910~1989)의 연구팀이 개발했다. 반도체는 두 조각의 실리콘(규소)으로 이루어져 있다. 구멍이 뻥뻥 뚫린 스위스 치즈가 빵 조각 위에 올려져 있는 것을 상상하면 된다.

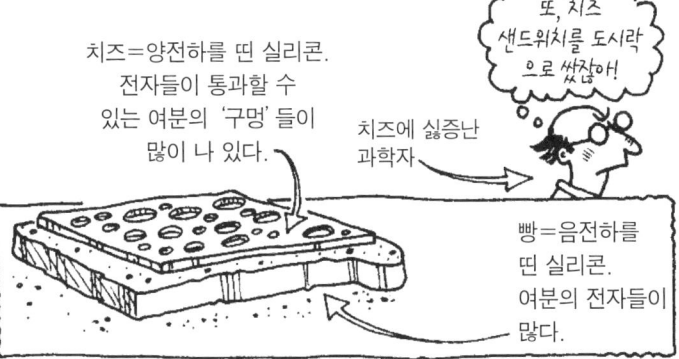

전자들은 빵에서 치즈로 기어갈 수 있어 즐거워하겠지만, 치즈에서 빵으로 되돌아갈 수는 없다. 이 성질을 이용하면, 전자가 흘러가는 방향을 통제할 수 있다. 심지어는 반도체를 이용해 태양으로부터 전기를 얻을 수도 있다!

진상 조사 X-파일

이름 : 태양 에너지

기초 사실 : 태양 전지는 단순히 반도체로 이루어져 있다. 햇빛은 광자라고 부르는 아주 작은 빛 입자로 이루어져 있다.

1. 광자는 빵 속의 전자들과 부딪쳐 전자들을 원자로부터 떨어져 나오게 한다.
2. 자유로워진 전자들이 치즈를 탐험하기 위해 떠난다.
3. 더 많은 전자들이 빵에서 치즈 쪽으로 이동한다. 이것은 전류를 발생시킨다.

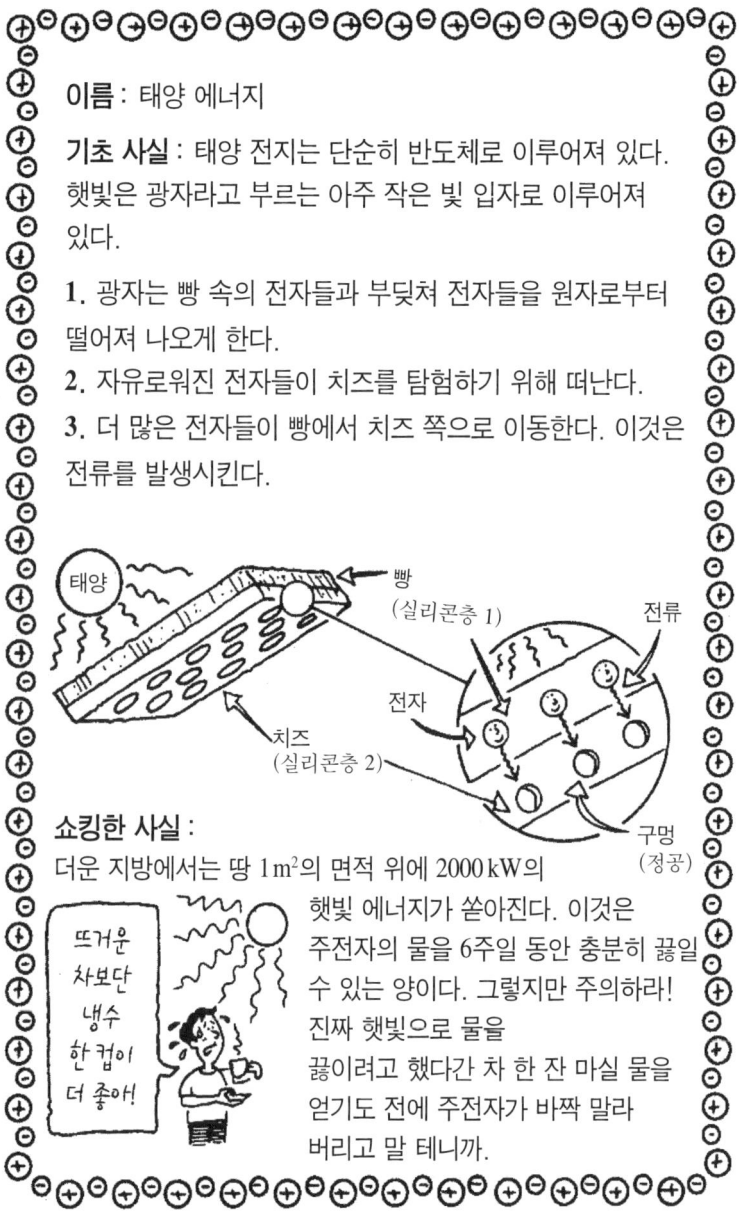

쇼킹한 사실 :
더운 지방에서는 땅 $1m^2$의 면적 위에 $2000\,kW$의 햇빛 에너지가 쏟아진다. 이것은 주전자의 물을 6주일 동안 충분히 끓일 수 있는 양이다. 그렇지만 주의하라! 진짜 햇빛으로 물을 끓이려고 했다간 차 한 잔 마실 물을 얻기도 전에 주전자가 바짝 말라 버리고 말 테니까.

태양 에너지

태양 에너지의 용도 중에는 우주선이나 실험용 자동차(시속 112km까지 달릴 수 있는)에 동력을 공급하는 것도 있다. 또, 1967년에는 미국의 발명가 달리(W. Dahly)가 태양 에너지를 이용한 모자를 발명했다. 이 모자는 태양 에너지를 이용해 모자 안쪽에 숨겨져 있는 선풍기를 돌림으로써 모자를 쓴 사람의 머리를 시원하게 해 주었다.

안된 이야기이지만, 그 발명품은 실패작으로 끝났다. 사람들은 머리에 선풍기를 이고 다니는 게 마음에 들지 않았던 모양이다. 다시 반도체 이야기로 돌아가자. 반도체가 없다면, 컴퓨터가 돌아가지 않는다는 사실을 알고 있는지?

실리콘 칩

실리콘 칩은 컴퓨터와 많은 장비들에 들어 있는 반도체이다. 실리콘 칩의 표면에는 트랜지스터라고 하는 작은 스위치

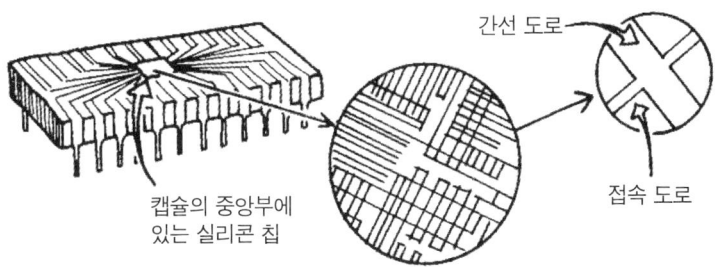

가 수십만 개 올려져 있다. 각각의 트랜지스터는 접속 도로에 서 있는 교통 신호등과 같다.

전류가 '접속 도로' 방향으로 흐르지 않는 한, 전자들은 '간선 도로'로만 갈 수 있다. 트랜지스터는 이 '접속' 전류의 스위치를 아주 빠른 속도로 켰다 껐다 함으로써 간선 도로에 '온-오프(on-off)' 전기 펄스를 만들어 낼 수 있으며, 이것은 컴퓨터의 기본 부호로 사용된다.

실리콘에 얽힌 비밀

1. 실리콘 칩은 실리콘으로 만든다(그건 이미 알고 있다고?). 실리콘은 모래 속에 들어 있는 물질이다. 정말이다! 그러니까 여러분이 사용하는 컴퓨터의 핵심 부품은 한때 어느 해변에서 한가로이 널려 있던 것인지도 모른다.

2. 실리콘 칩은 점점 작아지고 있다. 1960년대 말에 가장 작은 실리콘 칩은 그 폭이 약 20만 개의 원자로 이루어져 있었다. 그런데 1970년대 말에는 그 폭이 약 1만 개의 원자로 줄어들었으며, 1980년대 말에는 그보다 다시 1/10로 줄어들었다. 그렇지만 완성된 칩 하나의 설계도는 대도시의 지도만큼이나 복잡하다.

깜짝 놀라겠지만, 지금은 폭이 불과 수십 개의 원자로 이루

어진 칩을 만드는 것도 가능하다. 그럼 미래에는? 여러분이 노력하기에 달렸지 뭐. 칩의 크기가 작을수록 그 회로의 모퉁이가 너무 빽빽해 전자들이 그것을 돌아가기가 어려워진다.

3. 손에 쥘 수도 없을 정도로 작은 칩 위에 어떻게 그 많은 것들을 올려놓을 수 있는지 궁금할 것이다. 실은, 전류를 전달해 주는 여러 종류의 실리콘과 알루미늄을 칩 위에 올려놓는 지겨운 작업은 사람이 아니라 로봇이 한다. 사람들이 걱정해야 할 일은, 먼지나 비듬이 칩 위에 떨어져 칩을 망치는 것뿐이다 (물론 로봇은 그러한 문제를 일으킬 염려가 없다).

4. 오늘날 실리콘 칩은 컴퓨터뿐만 아니라, 수많은 기계들에 사용되고 있다. 비디오나 놀이 기구, 휴대폰 그리고 심지어는 말하거나 걷는 인형을 조작하는 기기에도 실리콘 칩이 들어 있다. 사실상, 우리가 다루는 기계 중에 칩이 들어 있지 않은 것은 거의 없는 셈이다.

탈레스가 호박덩어리에 털가죽을 문질러 정전기를 만들어 낸 때부터 초소형 실리콘 칩이 만들어지기까지는 약 2600년의 시간이 걸렸다. 비록 긴 시간이 걸리긴 했지만, 그 동안에 일어난 기술상의 발전은 실로 엄청난 것이다. 그런데 이 기술의 물결은 우리를 어디로 이끌고 갈까? 우리 앞에는 전자 공학이 보여 줄 마술의 나라가 기다리고 있을까, 아니면 어두운 과거의 세상이 기다리고 있을까? 어떤 종류의 충격이 우리를 기다리고 있을까?

그냥 계속 책을 읽어 답을 아는 게 낫겠다고? 그럼, 그렇게 하렴….

끝맺는 말: 놀라운 미래?

전기가 발명되기 전에는 우리의 삶은 힘들고 춥고 느렸다. 그러나 지금은 전기와 전자 공학의 발달로 세상이 환히 밝아졌고, 새로운 아이디어들로 활기가 넘쳐흐르고 있다.

아이디어 중에는 흥미롭거나 중요한 것도 있지만, 터무니없는 것도 있다. 여러분 생각에는 어떤 아이디어가 꽃을 피우고, 어떤 아이디어가 태양 에너지를 이용한 모자나 진동하는 변기처럼 조용히 사라져 갈 것 같은가? 과학자들은 또 다음에는 어떤 기발한 생각을 하고 있을까? 텔레비전을 켜 보자.

IBM의 과학자들이 최상의 텔레비전에 못지않은 화질을 지닌 컴퓨터 화면을 만들어 냈다고 합니다. 그 원리는 액정 블록을 사용하는 전자 계산기의 화면과 같은 것입니다. 액정 화면은 전류가 흐를 때 빛을 내지요.

이 화면은 15.7개의 트랜지스터와 총 길이 4.2km의 배선에 의해 약 550만 픽셀(빛의 점)로 이루어지지요.

이야!

그건 아무것도 아니랍니다. 영국의 한 대학 교수는 실리콘 칩을 기초로 한 제어 장비를 자신의 팔 속에 집어넣었습니다. 그래서 그 교수는 이제 일일이 손을 대지 않고도 불빛이나 컴퓨터를 마음대로 켰다 껐다 할 수 있답니다.

누구 또 자원할 사람 없나요?

그리고 마지막으로, 여러분은 편안히 누워 이 TV 박스를 가지고 놀 수 있습니다. 이 깜찍한 기기는 노트북 컴퓨터를 텔레비전 및 완전한 비디오 편집 기능을 가진 비디오 녹화기로 바꿀 수 있습니다.

　새로운 기기들 외에도 과학자들은 새로운 기술이나 보다 혁신적인 기기를 탄생시킬 수 있는 장기적인 연구에 몰두하고 있다. 그렇다면 과연 미래에는 어떻게 될까? 우리는 예언자 고양이 로봇에게 흐릿한 우유가 담겨 있는 고양이 밥그릇을 들여다보면서 미래를 가르쳐 달라고 부탁해 보았다. 그 고양이는 다음과 같은 것들을 보았다고 한다.

1. 우리가 알고 있는 것과는 전혀 다른 생활

　1952년, 시카고 대학의 스탠리 밀러(Stanley Miller)는 기체 혼합물에 전기 불꽃을 가하는 실험을 했다. 전기 불꽃은 수십억 년 전 지구의 대기에 번쩍이던 번개 대신에 사용한 것이다. 그 실험 결과, 놀라운 사실이 밝혀졌다. 기체 혼합물에서 생물의 몸을 이루는 필수 성분인 아미노산이 생성되었던 것이다! 과학자들은 지금도 번개의 전기가 지구상의 생명을 탄생시키는 데 어떤 역할을 했는지 연구하고 있다.

고양이 로봇의 예언 1 :

  과학자들은 전기와 화학 물질을 사용해 시험관 속에서 새로운 종류의 생명체를 만드는 방법을 알아 낼 것이다.

2. 미래의 에너지

  전세계 여러 지역의 과학자들은 조수, 즉 밀물과 썰물의 힘을 이용해 전기를 만들려는 계획을 세우고 있다. 지역에 따라 계획은 조금씩 다르지만, 좁은 해협을 통해 밀려오는 바닷물을 이용해 터빈을 돌린다는 것이 기본 원리이다. 또 다른 과학자들은 남아프리카의 사막에 거대한 굴뚝을 세우는 방안을 연구하고 있다. 뜨거운 햇빛에 가열된 공기가 굴뚝 위로 상승하면서 발전기를 돌려 전기를 생산한다는 아이디어이다.

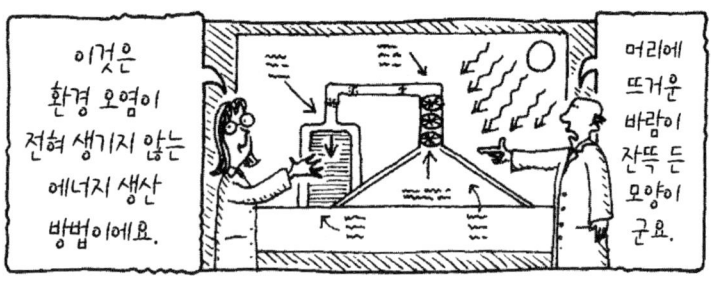

고양이 로봇의 예언 2 :

  이러한 계획 중 적어도 하나는 결실을 맺을 것이며, 연료가 없는 상태에서 전기를 계속 생산할 수 있는 새로운 기술이 탄생할 것이다.

3. 정말로 놀라운 힘

  1911년, 네덜란드의 과학자 하이케 카메를링 오네스(Heike Kamerlingh Onnes ; 1853~1926)는 절대 영도(−273°C) 근처

의 아주 낮은 온도에서는 수은과 같은 금속이 초전도체가 된다는 사실을 발견했다. 초전도체가 되다니, 무슨 소리냐고? 바로 전기 저항이 없어진다는 소리지! 1957년, 미국 과학자 존 바딘(John Bardeen ; 1908~1991)이 이끄는 연구팀은 초전도체의 원자들은 아주 낮은 온도에서 진동이 느려진다고 계산했다. 그래서 전자들은 충돌을 일으키지 않고 원자들 사이로 잘 지나갈 수 있다는 것이다.

고양이 로봇의 예언 3 :
　과학자들은 실온에서도 전기가 쉽게 흐를 수 있는 고온 초전도 물질을 개발할 것이다. 그렇게 되면 에너지를 만들기 위한 연료가 거의 필요 없는 새로운 전기 기계들이 쏟아질 것이다.

　이러한 장밋빛 전망에도 불구하고, 많은 사람들은 여전히 전기를 신비스러운 존재로 생각한다. 그렇지만 이 책을 읽은 여러분은 그러한 사람들에 끼지는 않겠지(기대가 너무 지나친 것 아니냐고?)? 전기가 아주 편리한 것이긴 하지만, 때로는 매우 위험할 수도 있다는 사실은 모든 사람들이 잘 알고 있다.
　전기는 실로 놀라운 존재이다. 그 엄청난 힘도 놀랍지만, 전기로 할 수 있는 일이 무한할 정도로 다양하다는 것도 놀랍다. 또한, 이 믿기 어려운 힘이 아주 작은 에너지덩어리 전자와 원자에서 나온다는 사실도 놀랍다. 갈색사다새가 집을 찾아가게 도와 주고, 여러분의 심장을 뛰게 하고, 우주 만물이 모양을 갖추게 하는 바로 그 전자와 원자에서 말이다.
　그것은 정말로 쇼킹한 진실이다!

앗, 시리즈 (전 70권)

수많은 교사와 학생들이 한눈에 반한 책.

전 세계 2천만 독자의 인기를 독차지한 〈앗, 시리즈〉는 수학에서부터 과학, 사회, 역사까지, 공부와 재미를 둘 다 잡은 똑똑한 학습교양서입니다.

수학
- 01 수학이 모두 모여 수군수군
- 02 수학이 수리수리 마술이
- 03 수학이 수군수군
- 04 수학이 또 수군수군
- 05 수학이 자꾸 수군수군 1. 셈
- 06 수학이 자꾸 수군수군 2. 분수
- 07 수학이 자꾸 수군수군 3. 확률
- 08 수학이 자꾸 수군수군 4. 측정
- 09 대수와 방정맞은 방정식
- 10 도형이 도리도리
- 11 섬뜩섬뜩 삼각법
- 12 이상야릇 수의 세계
- 13 수학 공식이 꼬물꼬물
- 14 수학이 꿈틀꿈틀

과학
- 15 물리가 물렁물렁
- 16 화학이 화끈화끈
- 17 우주가 우왕좌왕
- 18 구석구석 인체 탐험
- 19 식물이 시끌시끌
- 20 벌레가 벌렁벌렁
- 21 동물이 뒹굴뒹굴
- 22 화산이 왈칵왈칵
- 23 소리가 슥삭슥삭
- 24 진화가 진짜진짜
- 25 꼬르륵 뱃속여행
- 26 두뇌가 뒤죽박죽
- 27 번들번들 빛나리
- 28 전기가 찌릿찌릿
- 29 과학자는 괴로워?
- 30 공룡이 용용 죽겠지
- 31 질병이 지끈지끈
- 32 지진이 우르쾅쾅
- 33 오싹오싹 무서운 독
- 34 에너지가 불끈불끈
- 35 태양계가 티격태격
- 36 튼튼탄탄 내 몸 관리
- 37 똑딱똑딱 시간 여행
- 38 미생물이 미끌미끌
- 39 의학이 으악으악
- 40 노발대발 야생동물
- 41 뜨끈뜨끈 지구 온난화
- 42 생각번쩍 아인슈타인
- 43 과학 천재 아이작 뉴턴
- 44 소름 돋는 과학 퀴즈

사회·역사
- 45 바다가 바글바글
- 46 강물이 꾸물꾸물
- 47 폭풍이 푸하푸하
- 48 사막이 바싹바싹
- 49 높은 산이 아찔아찔
- 50 호수가 넘실넘실
- 51 오들오들 남극북극
- 52 우글우글 열대우림
- 53 올록볼록 올림픽
- 54 와글와글 월드컵
- 55 파고 파헤치는 고고학
- 56 이왕이면 이집트
- 57 그럴싸한 그리스
- 58 모든 길은 로마로
- 59 아슬아슬 아스텍
- 60 잉카가 이크이크
- 61 들썩들썩 석기 시대
- 62 어두컴컴 중세 시대
- 63 쿵쿵쾅쾅 제1차 세계 대전
- 64 쾅쾅탕탕 제2차 세계 대전
- 65 야심만만 알렉산더
- 66 위풍당당 엘리자베스 1세
- 67 위엄가득 빅토리아 여왕
- 68 비밀의 왕 투탕카멘
- 69 최강 여왕 클레오파트라
- 70 만능 천재 레오나르도 다 빈치

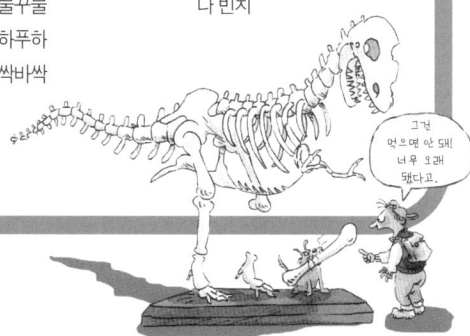

전 세계 2천만 독자가 함께 읽는
<앗, 시리즈>